中國語言學研究

[瑞典]高本漢◎著
贺昌群◎譯

山西出版傳媒集團
山西人民出版社

圖書在版編目(CIP)數據

中國語言學研究 / [瑞典]高本漢著;賀昌群譯. —太原: 山西人民出版社, 2015.9(2024.2重印)
(近代海外漢學名著叢刊 / 鄭培凱主編)
ISBN 978-7-203-09199-8

Ⅰ. ①中… Ⅱ. ①高.… ②賀… Ⅲ. ①漢語-語言學-研究 Ⅳ. ①H1

中國版本圖書館CIP數據核字(2015)第192819號

中國語言學研究
叢刊主編　鄭培凱
著　　者　[瑞典]高本漢
譯　　者　贺昌群
責任編輯　梁晉華
助理編輯　郭向南

出 版 者　山西出版傳媒集團·山西人民出版社
地　　址　太原市建設南路21號
郵　　編　030012
發行營銷　0351-4922220　4955996　4956039
　　　　　0351-4922127(傳真)
天猫官網　https://sxrmcbs.tmall.com　0351-4922159(電話)
E-mail　sxskcb@163.com　發行部
　　　　　sxskcb@126.com　總編室
網　　址　www.sxskcb.com

經 銷 者　山西出版傳媒集團·山西人民出版社
承 印 廠　山西出版傳媒集團·山西新華印業有限公司

開　　本　700mm×970mm　1/16
印　　張　14
字　　數　103千字
版　　次　2015年9月　第一版
印　　次　2024年2月　第二次印刷
書　　號　ISBN 978-7-203-09199-8
定　　價　70.00圓

《近代海外漢學名著叢刊》編委會名單

出版說明

《近代海外漢學名著叢刊》選取一九四九年以後未再刊行之近代海外漢學作品，編例如次：

一、本叢書遴選之作品在相關學術領域具有一定的代表性，在學術研究方嚮、方法上獨具特色。

二、爲避免重新排印時出錯，本叢書原本原貌影印出版。影印之底本皆經專家組審定，原書字體大小、排版格式均未做大的改變。

三、爲使叢書體例一致，本叢書前言、後記均采用繁體字排版。

四、個别頁碼較少的版本，爲方便裝幀和閲讀，進行了合訂。

五、少數作品有個别破損之處，編者以不改變版本内容爲前提，部分進行修補，難以修復之處保留缺損原狀。

六、原版書中個别錯訛之處，皆照原樣影印，未做修改。

由於叢書規模較大，不足之處，在所難免，殷切期待方家指正。

— 總序 —

温故而知新

晚清以來，西力東漸，西方文化思想的著作也大量譯成中文，最著名的如嚴復與林紓的譯著，影響了整個二十世紀中國的知識界與文學界，使得中國文化的思維脈絡爲之丕變。除了西方思想經典、文學與實證科學著作的翻譯，以實證方法系統化探討中國文史的域外漢學，也對中國學術思想界産生了莫大衝擊，改變了中國學術的著述方法與取嚮。

中國傳統的知識結構，是按經史子集四庫分類的，以儒家意識形態的經學爲文化知識的砥柱，以史學爲貫串歷史經驗的殷鑒，至於子部與集部，則是作爲保存文獻、擴大知識面的附帶知識，可以耽情冥想，可以悠遊玩賞，却都是邊緣化的知識，無關聖教的弘揚，無關文化精髓的宏旨。西方文藝復興之後的現代學術體系，在知識分類上，與中國傳統大相徑庭，講究系統分科，不同知識領域各有其客觀存在的價值，有其相對獨立的目的與標準。日本知識界在明治維新以來，鑒於東方文明落後於西方的船堅炮利，率先效法西方，在追求“文明開化”、“脱亞入歐”的過程中，爲日本學術發展循着現代西方的體例，建立了哲學、文學、歷史學、經濟學、法學、商學、物理學、化學、地質學、醫學、農學、工程學、植物學、動物學等等新型學科，企圖與西方學術齊頭並進，從而影響了中國近代學術體系的發展。

本叢刊選印二十世紀上半葉出版的漢學譯著近百冊，分爲三大類："歷史文化與社會經濟"、"古典文獻與語言文字"、"中外交通與邊疆史"，反映民國時期學術界重視西方及日本漢學研究的成果，藉助他山之石，重新審視中國傳統歷史文化的意義，特别是開拓了傳統學術忽略的領域。五四新文化運動以來，中國學者如蔡元培、胡適都提倡"整理國故"，以理性實證的方法，對中國文化傳統做出系統化的研究，是與這些漢學譯著相輔相成的。這些譯著除了介紹域外漢學的成果，還引進了嶄新的學術研究方法與視角，有助於梳理中國文化傳統的脈絡，重新整合知識結構與學術體系。雖然這些學術著作不是中國學者的成就，無法納入二十世紀中國文史學術的主脈，但是從中文譯本的影響而言，起碼也應當視爲中國近代學術發展的支脈或潛流，不容忽視。可惜的是，到了二十世紀下半葉，因爲兩岸政治形勢的變化，這些漢學譯著，除了部分因王雲五重新入主臺灣商務印書館，而得以在臺灣做了少量的重印，在大陸的出版界，則完全受到遺忘，甚至在許多新成立的大學圖書館中也不見踪影。我們搜集了近百冊塵封的漢學譯著，呈現給二十一世紀的中國學術界，一方面是爲了銘記前人爲推展學術而做出的努力，另一方面也是爲了提醒新常態時期的學人，學術發展有其歷史累積的脈絡，可以從中汲取歷史經驗，温故而知新。

説到"温故知新"與這批早期漢學譯著的關係，可以從兩個方面來思考，以見翻譯域外漢學如何反映了時代精神，爲融匯東西方學術思維，重新闡釋中國文化傳承，做出不可磨滅的貢獻。一是域外漢學的研究對象，以中國歷史文化典籍爲主，屬於中西文化碰撞期間興起的"國學"範疇，與五四新文化人物提倡的"整理國故"運動若合符節。研究中國歷史文化，並賦予新的學術意義，是清末民初知識精英念兹在兹的心結。歷史發展走到一個環節，時代的狂風揚起了批判傳統的大旗，風中的英雄幫着推波助瀾，却又無時或忘自己民族文化主體的未來，糾纏於“傳統”能否“現代”的困境。域外漢學的出現，以西方實證方法研究中國歷史文化傳統，綜合東西方各種語言文字材料，擴大了研究國學的眼界，即使無法打開中國文化傳統是否走到盡頭的心結，至少是提供了一個解惑的方嚮，在大霧彌漫的夜晚，看到了依稀渺茫的星光。

二是翻譯域外漢學，有一種以子之矛攻子之盾的吊詭作用，逐漸化解了中國文化思維中的自大心理與封閉心態，讓唯我獨尊的國粹基本教義派解除武裝到牙齒的盔甲，轉而吸收並接受西方實證研究的學風。民國期間新式教育制度的推行、學術體系的變化、大學學術專業的創建，具體到北京大學國學門的成立，中央研究院規劃歷史、語言、考古的研究領域，都與翻譯域外漢學背後的旨意是息息相關的。因此，重新閱覽這批民國期間的漢學譯著，對二十一世紀的現代學人來説，温故而知新，不但可以窺知民國學人追求新知的心理狀態，也會刺激吾人反思，認真思考學術研究方法與中國學術發展的前景，更進一步，探索文化傳統的重新闡釋與新知介入的關係。知識體系的變化當然與傳統的重新闡釋有關，是外爍的影響大呢，還是内因變化的成分居多?

《論語·爲政》記載孔子説：“温故而知新，可以爲師矣。”歷代解經，對這個“爲師”的道理，有兩種相近似但又取嚮不同的解釋。朱熹《四書集注》説：“故者，舊所聞。新者，今所得。言學能時習舊聞而每有新得，則所學在我而其應不窮，故可以爲人師。若夫記問之學，則無得於心而所知有限，故《學記》譏其不足以爲人師，正與此意互相發也。”雖然朱熹把知識分爲“舊所聞”與“新所得”，强調的却是“學而時習之”，從中生發新的心得，也就是從詮釋舊典中得到新知。這個説法與朱熹在鵝湖之會以後，作詩唱和，寫給陸九淵的詩句，“舊學商量加邃密，新知涵養轉深沉”，异曲同工，是一個意思，萬變不離其宗，舊學與新知是同一個脈絡的知識學理。

然而，有些朱熹之前的經學家，解釋“温故知新”，却有不同的取嚮。皇侃

《論語義疏》就説："故，謂所學已得之事也。所學已得者則温尋之不使忘失，此是月無忘其所能也。新，謂即時所學新得者也。知新，謂日知其所亡也。若學能日知所亡，月無忘所能，此乃可爲人師也。"皇侃明確説到，"故"指的是過去所學的知識，而"新"則指的是新近學到的知識，新舊結合，相互發明，就可以"爲人師"了。邢昺《論語注疏》循着皇侃的思路，也説："言舊所學得者，温尋使不忘，是温故也。素所未知，學使知之，是知新也。既温尋故者，又知新者，則可以爲人師也。"這裏講的"素所未知"，就不衹是研讀舊學，有了新的體會，從過去的傳統中發展出的"新知"，而是從來没聽過、没想過的新學問了。這種"素所未知"的新學問，結合"舊所聞"，對習以爲常的知識框架，就會産生巨大的衝擊，而出現飛躍性的結構變化。知識内容或許大體沿襲傳統，知識結構却得以重新整合，出現嶄新的認知系統，重新審視自己文化傳統的意義，打開文化傳承的新局面。二十世紀上半葉的漢學譯作，就發揮了這樣的作用，促使中國學者放棄自我中心的文化態度，從各種不同側面，探知中國歷史文化的光譜，以域外（或是全球）的角度觀測中國傳統，摇動了文化的萬花筒，看到七彩繽紛的中國。

嚴復在甲午戰争之後，改良變法思想風起雲涌之時，開始大量翻譯西方思想經典著作，是有感於國人（特别是傳統文化孕育的知識精英）思維系統封閉，企圖介紹實證新知，引進邏輯思維的方法，以破除儒學之道"一以貫之"與"放之四海而皆準"的虚妄。他翻譯《天演論》，在序文中提到，有人歸納東西方學術思想，認爲中國文化重精神，是形而上之學，立意高超，而西方文化重物質，是形而下之學，衹追求功利的回報。他認爲，這種自以爲是的蒙昧態度，陷入傳統舊學的框囿而不自知，没有自我反思的能力，無法吸收"素所未知"的新知識，也就無法開展並弘揚自己的文化傳統。嚴復非常清楚他翻譯西方經典的目的，是爲了介紹新知，打破中國傳統思維的封閉性，但是，作爲披荆斬棘的拓荒人，他深知思想封閉者的頑固心理，必須因勢利導，以免遭到盲目衛道之士的攻訐。嚴復有其防身的策略，不會像許褚戰馬超那樣赤膊上陣，而是以桐城文章譯述赫胥黎、斯賓塞、穆勒、亞當·斯密、孟德斯鳩，博得晚清知識精英的贊許，文章深閎而傳入了新知義理。從文化變遷的角度而言，通過翻譯，以迂迴戰術來介紹西方思想，得到巨大的成功，產生了改變傳統思維體系的實效，是中國近代思想史上影響深遠的大事。以此類推，民國時期大量翻譯域外漢學的影響，也是不容忽視的思想史課題。

關於清末民初西方學術思維衝擊中國知識精英，顛覆傳統文化的知識結構，錢穆在《現代中國學術論衡》的序言中，從中國文化本位的立場，發出深刻的感慨，做了籠統的批評："文化异，斯學術亦异。中國重和合，西方重分别。民國以來，中國學術界分門别類，務爲專家，與中國傳統通人通儒之學大相違异。循至返讀古籍，格不相入。此其影響將來學術之發展實大，不可不加以討論。"錢穆所指出的問題，是傳統知識體系强調"通"，文史哲不分家，最崇尚通儒，而現代學術講究專業分科，各司其職，以至於讀不通古籍呈現的整體性知識思維。姚名達在撰寫《中國目録學史》的時候，對西力東漸，西潮帶來的翻譯著作及新知新學，也有類似的感慨："四部分類法，不合時代也，不僅現代爲然。自道光、咸豐允許西人入國通商傳教以來，繼以派生留學外國，於是東西洋洋籍逐年增多。學問翻新，迴出舊學之外。目録學界之思想不免爲之震蕩。"這種對學術體系發生重大變化的觀察，反映了中國學人從晚清一直到民國，夾在東西方兩種不同思維體系的衝突中，身歷其境的切身感受，因此感觸良多。

二十世紀上半葉最能代表中國學術的通儒是王國維與陳寅恪，他們浸潤了經史子集的四部知識傳統，承繼乾嘉篤實的考據學風，却都經過西洋邏輯思維與實證科學的洗禮，參與中國知識結構的轉型。對西方現代知識結構如何在中國生根發芽，不但再三致意，并且以自己的學術實踐來努力促成。王國維早在一九〇二年就寫信給張之洞，反對把經學列爲大學分科之首，而主張效法西方與日本的大學，設立哲學科，明確指出知識結構的分類不可因循傳統，而必須另起爐竈。陳寅恪在一九二五年就清華大學建制的問題，寫了《吾國學術之現狀及清華之職責》，指出大學的職責在於學術之獨立，而中國學術界的情況令人十分不滿，必須認真效法西方學術的體制及實踐。他說："蓋今世治學以世界爲範圍，重在知彼，絕非閉門造車者比。"這兩位國學大師，對西方與日本的漢學研究十分注意，都是以開放態度對待域外漢學研究，集思廣益，以成其大家。

再回到"温故知新"的歷代經解，說說文化傳承的闡釋學意義。劉寶楠在《論語正義》中指出，上古之時，文化知識是上層統治精英的家學，不再治理實際政事的長者可以傳遞德行的知識，可以爲人師。"温故而知新"，就顯示長者不忘舊時所學，且能吸收新知，繼承并發揚這種學術與政治合一的傳統。到了孔子之時，時代出現了變化，士大夫不見得能够謹守家法，弘揚德行，也不一定能够"爲師"了。孔子之後，世變日亟，"道術爲天下裂"，文化知識不再爲少數統治精英所壟斷，也不必然與治理政事有關，學術在民間百花齊放，百家争鳴。但是，學術知識發展的脈絡基本未變，仍然是要温故知新，進德修業。從劉寶楠不經意的闡釋中，可以看到時代變遷影響了學術文化的内容，改變了知識結構的體系，但其内在發展的理路仍舊，還是需要舊學與新知的融合，才能有所發展。

劉寶楠還引述了劉逢禄的解釋："故，古也。《六經》皆述古昔、稱先王者也。知新，謂通其大義，以斟酌後世之製作，漢初經師皆是也。"劉寶楠贊成這個說法，並指出，漢唐人解釋"知新"，大多數都沿用此意。也就是說，舊學是傳統的知識結構體系，新知是時代變化出現的新知識，必須相互斟酌，才能發揮得宜。至於如何對舊學"通其大義"，就見仁見智，各有說法了。從這個通達的詮釋來討論近代西學東漸的情況，我們可以看到，"温故而知新"在民國學人的心底，是産生"傳統"與"現代"糾葛的心理陷阱，不易跨越。若依照朱熹的說法，“學能時習舊聞而每有新得，則所學在我而其應不窮”，雖然在哲理上可以模模糊糊説通，但在清末民初的具體歷史環節，西學的新知屬於完全不同的知識體系，在原有的舊學脈絡中，根本無從立足，如何“其應不窮”？所以，真要放之四海而皆準，提升“温故而知新”的普世意義，以理解域外漢學譯著與近代學術知識體系變遷的文化史意義，我們認爲，皇侃、邢昺，一直到劉寶楠的闡釋，是比較合適，並與現代文化闡釋學的説法相近。

伽達默爾（Hans-Georg Gadamer）在他的名著《真理與方法》中，説到認知理性與文化傳統的關係，特别指出，人們通過理性，來判斷歷史文化中事實的真相，但是人的理性與生存環境息息相關，與傳統所衍生的豐富文化底藴有關，不可能完全超越文化傳統的思維脈絡。他認爲，人生活在文化傳統之中，就不可能“遺世獨立”，以全能超越的抽象思辨來認識傳統，甚至是批判或顛覆傳統。傳統是歷史文化延續與傳承的表徵，不會一成不變，而我們的認知理性也會因時代變遷，而不斷重新詮釋傳統。伽達默爾的闡釋學以西方文化傳統爲例，説明新知如何納入傳統，而使文化傳統生機不斷，生生不息，與中國歷代經學家的説法（朱熹除外），有异曲同工之效。以此觀照民國時期的漢學譯著，我們認爲，這批學術新知傳入中國，對中國文化傳統的繁衍與發展，實有承先啓後之功。

《近代海外漢學名著叢刊》的出版，最值得感謝的是南兆旭先生二十多年來搜羅的執着與努力。雖然這套叢刊不能窮盡民國時期的漢學譯著，但是，能滙集上百冊自一九四九年以來在國内不曾重印的學術著作，再度公之於世，總是功不唐捐的大功德。忝爲本叢刊的主編，我面對這批民國學術材料，先是感到紛雜無章，有些原作者的學術素養也難副當前的學術標準，甚爲猶豫。後轉念一想，這是上個世紀中國最紛亂時期的學術記録，也是民生凋敝，國勢隤危，内亂外患交加之際，仍有許多學者孜孜矻矻，戮力翻譯域外漢學，爲中國學術的傳承拓展新知的坦途，不禁肅然起敬，開始用心整理分類。掛一漏萬，在所難免，好在有學殖豐贍的諍友擔任分卷主編，並撰寫各分卷前言，實在是衷心銘感。有傅杰教授負責“歷史文化與社會經濟”、戴燕教授負責“古典文獻與語言文字”、霍巍教授負責“中外交通與邊疆史”，吾道不孤矣。在整理編輯過程中，周威先生費心最多，也是我要衷心感謝的。

道術之存亡，全在人心之嚮背。這批民國漢學譯著重新問世，對我們生長在承平之世的學人，應當有激勵的作用，爲學術研究多盡份力，讓中國學術發展更上一層樓。

鄭培凱

二〇一五年七月

—前 言—

二十世紀三十年代是中國現代學術史上的一個黃金時期。從晚清的白話文運動，到白話文在民國初年被定爲現代國語，中國的語言也就是“漢語”本身便發生了一個很大的變化。在漢語的這一現代轉化過程中，“新文學”即白話文學、又或稱國語文學的异軍突起，又起到極爲重要的推進作用。因此，現代的漢語和文學，從一開始就如雙生子一樣關係密切，不可切分。

當然，白話文與白話文學的興起，原因不止一個，但不能否認的是，在漫長的從“邊緣”變爲“正統”的道路上，它們都受到過外來的語言和文學的刺激。這裏面既包括有現代漢語對“外來語”的吸納、新文學對外國文學的模仿，也包括了引入歐美日的方法，對漢語和文學加以研究。這個研究，還不單單是針對現代的漢語和文學，也針對古代的漢語和文學。

伴隨着漢語和文學自身的演變，而在語言學界及文學研究界發生的這些轉變，其實是中國學術在各個領域實現其現代轉型的一部分，也可以説是中國現代學術之建立的一個基礎。隨着對東洋、西洋從觀念到方法、從文獻到詮釋的全面開放，在一九三〇年前後，中國的語言學和文學研究也迎來了自己的黃金時代。

這個黃金時代出現的很多學術成果，都是當時中國學者在傳統學問的基石上，吸收外國的方法、結論得到的，如王力所説，那時的語言學，“始終是以學習西洋語言學爲目的”，文學研究也莫不如此。所以，要想説明這個學術上的黄金時代究竟是什麽樣的，又如何形成，勢必要對當時的國外漢學知其一二，尤其要對翻譯成中文出版的漢學書籍有一點瞭解。

語言學方面，自《馬氏文通》引入西方語法之後，在中國影響最大的恐怕就要數高本漢。從一九二七年的《左傳真僞考及其他》，到一九七二年的《中國聲韵學大綱》，他關於中國語言學的論著幾乎都有在中國（包括香港、臺灣）翻譯出版。據説早年間，在他的音韵學論文尚未譯成中文出版前，錢玄同就已經拿着其中幾頁，作上課的教材用。他的《中國語言學研究》的譯者賀昌群也曾説，在語言音韵學方面有所成就的學者，都是借高本漢之力。

文學方面，一個突出的現象是，日本漢學家的著作被翻譯出版最多。究其原因，大概是由於日本在歷史上受中國文化影響甚深，日本漢學家普遍有很好的漢學功底，到了明治維新以後，又先於中國接受歐美的思想、文化和學術，這兩方面的結合，促使日本漢學界産生出很多新的研究成果，其中就有像兒島獻吉郎、鈴木虎雄、本田成之、青木正兒、鹽谷温、梅澤和軒等人的著作。這些涉及中國古典文學、藝術、思想等領域的論述，兼有東西之長，比較容易爲中國學界理解和認同。因此，在現代中國的文學史、文學批評史、藝術史、哲學史等學科領域，日本的研究範式一度相當流行。

説到海外漢學的影響，還不得不提及海外漢學論著的翻譯出版，在二十世紀三十年代前後是又多又快，像成書於一九三二年的石田幹之助的《歐人之漢學研究》，一九三四年就有了中文譯本，就是典型的一例。這固然是由於當時的中國學界對於及時掌握海外漢學動嚮，有一種普遍的要求，可是不能忘記的是這些漢學論著的譯者，在這中間扮演了很重要的“驛騎”角色。

在這裏，也許不需要再去重復趙元任、羅常培、李方桂這一黄金組合翻譯高本漢《中國音韵學研究》的故事，不需要説明高本漢論著的大多翻譯者，如張世禄、賀昌群等，也都是很好的專業學者。就連最早的《左傳真僞考及其他》，也是經胡適推薦，由當年聲名鵲起的新鋭陸侃如翻譯的。而在陸侃如看來，他的譯介，就是爲了“東海西海互相印證”（譯跋）。

值得一説的，倒是譯過不少日本書籍、不限於漢學著作的孫俍工。孫俍工一九二四年赴日留學，他本來學的是德國文學，可是很快翻譯了鈴木虎雄的《中國古代文藝論史》、鹽谷温的《中國文學概論講話》、本田成之的《中國經學史》、兒島獻吉郎的《中國文學通論》，興趣完全轉到對中國古典的研究。他在各書的譯序中，談到過對中國祇有整理國故保存國故的口號、成績却不如日本的看法（《中國古代文藝論史》），談到過他要借翻譯來使人看到在被我們自己抛荒的文學園地裏，經别人代耕，而有怎樣一番禾黍芃芃的景象（《中國文學概論講話》），也談到過如本田成之對於孔子“别開途徑”的理解，可爲中國學者取法實多（《中國經學史》）。對中日學界當時情况的判斷，大概是他譯書的動機。據説他在一九二八年回國任教後，短短幾年就編出幾百萬字的書來，其中像《中國文藝辭典》、《世界文學家列傳》、《中國語法講義》等，有人説都涉嫌抄襲日人（彭燕郊《那代人·關於孫俍工》）。這也大可説明他心目中的日本學術，不光是漢學，何等優越。當然，他翻譯鈴木虎雄、鹽谷温的著作，按趙景深的説法，還是“對於中國文學的貢獻頗大”（《文壇憶舊·文人印象·孫俍工》）。

另外一位翻譯日文書極其勤奮的是王古魯。王古魯一九二〇年赴日讀的本來是英文系，一九二六年回國後也教過英文，但是他翻譯過的日本書籍，題材廣泛而雜駁，涉及小説與經史之學、語言文學、民族和對外關係，既有論述，也不乏考據。由於他對日本學界的追踪，與他對中日關係的觀察是聯繫在一起的，因此，他在一九三一年翻譯的田中萃一郎《西人研究中國學術之沿革》、一九三四年編譯的《傅斯年等編著東北史綱在日本所生之反響》、一九三六年編寫的《最近日人研究中國學術之一斑》，都在中國學界引起過强烈的反響。在他翻譯的文學論著中，最有名的恐怕就是青木正兒的《中國近世戲曲史》。吴梅早已表揚過他在翻譯中表現出的專業態度，即對青木正兒引書“無不一一檢校”，故“可爲青木之諍友”（序）。一九五六年他寫信給青木正兒，又説此書不僅獲得“我國各方面極爲重視”，還作爲“中文本”，與王國維《宋元戲曲考》等六種，入選《蘇聯大百科全書》的“中國戲曲”條目，説明譯作本身成了經典。而這一次的翻譯，大概也爲他後來到日本搜集古本小説、戲曲，最後成爲造詣頗深的中國文學史研究專家做了很好的鋪墊。

中國現代學術史也應該銘記這些譯者的功勞。

戴　燕

二〇一五年六月八日於復旦

作者簡介

著　者

高本漢（Klas Bernhard Johannes Karlgren， 瑞典人，一八八九年— 一九七八年），歌德堡大學教授、校長，遠東考古博物館館長。高本漢是瑞典最有影響的漢學家，他對瑞典漢學作爲一門專門學科的建立，起了决定性的作用。他一生著述達百部之多，研究範圍包括漢語音韻學、方言學、詞典學、文獻學、考古學、文學、藝術和宗教。他在中國歷代學者研究成果的基礎上，運用歐洲比較語言學的方法，探討古今漢語語音和漢字的演變，創見頗多。

譯　者

賀昌群（一九〇三年— 一九七三年），字藏雲，四川樂山人，著名歷史學家，在宋元戲曲、中西交通史、敦煌學、簡帛學、漢唐歷史與文學等諸多學科領域都取得了卓著的成績，許多方面還是開創性的。著有《古代西域交通與法顯印度巡禮》《論兩漢土地佔有形態的發展》《漢唐間封建土地所有制形式研究》等。其他著作有《元曲概論》《英國現代史》《漢簡釋文初稿》《西域之佛教》（[日] 羽溪了諦著，賀昌群譯）等。

中國語言學研究

序

此高本漢君在挪威人類文化比較研究學會之講稿，以一九二六年印於 Oslo．自流入中土後，以余所知，以之迻譯爲國語者，蓋有二本．一爲潘尊行先生所譯，用文語；一爲賀昌羣先生所譯，用口語，即此本也．兩先生皆余摯友， 譯事未竟之前， 余又皆嘗先得而快讀之．讀前者時方寓廣州，余與尊行先生共事某校，校有文史學研究所，余爲執編纂之役．時方印期報，乃請於尊行先生，先以第一篇刊入，未幾而所中又擬出東方言語學叢書，乃中止續刊，留爲單行之用．顧爲議甫定，而人事搶攘，二人者皆離廣州，事遂中輟．讀此譯時方寓津門，余與昌羣先生亦適共事，其本則第一次未焚以前之本也．蓋此二譯，其明晰條暢，足以傳世同，而其紆廻艱阻，不能即與世人相見亦同．今此譯於灰燼之餘，幸能補綴，更歷三載，卒底於成，而余復以昌羣先生之厚意，得綴一言於簡末，亦不可謂非厚幸矣．

高君此稿，雖爲比較通俗之作，然一切皆本於其自身多年精邃之研究，故言之自親切而扼要，此固爲吾人所深佩者．然其中亦不能謂全無可商之點．其最甚者，莫如對於文字方面之意見．高君對於我族文字之認識，固已勝於已往 J. Edkins, L. Weiger 諸人，然終不如其對於語音之瑩徹．如第五篇中，高君對於語言之比較，深致其懷疑與鄭重，而以爲幸有非標音之古文，使吾人得以窺見其含義之推衍；層次旣明，然後得施之於比較，同時更示吾人以‘希’字之一例．此說驟視之若無可難，更深求之，則知高君固猶未達一間也．語言比較之當鄭重，高君除本書而外，‘Tibetan and Chinese’之發端，又嘗言之，吾人於此本無異議，可以勿論．至於憑藉文字，推求語原，在原則上自亦可以接受．然高君須知漢字之眞相，並不如其想像中之簡單而明顯，自甲骨刻辭以至說文所錄，皆高君所寶之古文也，而其性質即已繁複，有最古之Pictographs,有較晚之Ideographs,更有二者與Phonographs之合體，其遞嬗遷衍之跡，已有先難爲言者·如甲文𢦏多从屮，非聲符也，其後乃譌變而爲才聲；行必作非，非合體也，其後乃譌變而爲彳亍·此其所以致變之由來旣未明，則語義之層序卽難索·而甲骨刻辭之在今日，其明白可仞者又極有限·彼沾沾自矜爲論定者，固皆去事實千萬里也·說文雖盡人所習，而二徐傳本，旣有異同，各家增損，尤極錯雜，往往一單位之出入，所關於語源之解釋者至鉅，而言之多未爲定論·高君往歲爲'Analytic Dictionary'於，聲意兩者之間，亦往往以巳意勘定，此其糾紛未決之象，當能憶之·至如'臚'之重文有'膚'，'自'之孳文爲'鼻'，若斯之類，往昔學人所白首窮究而不得其解者，亦豈能更以陳法求之·故知語源之探明，雖在乎文字；而文字之探明，先待乎他術·其術爲何，曰，卽在於以同族語言相比勘是也·

試卽以上述二文爲例：'臚''膚'二字在中古音爲liwo, pi̯u，此以舊日音韻訓詁學之眼光施之，固無術得以通解·然若一檢藏語 Skin 之讀 plags，則此兩單位之成立，正爲兩紐離散後之現象，可以立白·'自''鼻'二字在中古音爲 dzʻi, bʻji, 固亦過於奇觚，然若知苗語'鼻'之讀 pl-（依鳥居龍藏所記）而從'自'得聲者尙有詯 lâi，則 dʻz- 爲後來之訛變，而'鼻'之所以別加畀聲，亦復可以立白（參閱作者字喃之組織與漢字之關係一文）·凡斯之類，正以見說文確爲瓌寶，决非今之但知輪廓者所可任意竄易·且說文果有疑似，亦必以比較方法，始得正之·如靁，从雨，畾象回轉形·嚴可均從韻會所引小徐，以爲當作畾聲·王筠因之，謂靁从畾聲，亦裘从求聲之比，說最明通·蓋畾本象形，已具雷音·其後變易，則增雨之意符·此以 Gni Lolo 所用音字⊠值爲 leu 證之，可以知其不悞·(Gni Lolo所用音字，確爲古漢文之借·如𠂹 gni 之爲女，𣲖 la 之爲旅等等，皆絕無可疑，余別有言文之·）更以他語證之，則藏語讀雷爲 ḥbrug ，暹語爲 fa làn, shan語爲pha làng, 猓家子爲pia rai ，（此依 D'ollone 所記，我國舊紀錄所謂'巴來'，正與相合·）雖語姿各有小殊，而其有p-,l-兩紐則一·最初⊠之一符 ，亦必代表 *pl- 之複値，殆無可疑·此證既成，則'果'之構成，亦得而說·說文言从木，象果形在木之上，此不與刻辭相合，世多疑之，今證之藏語，則fruit 爲 ḥbras，是知其上之田，亦正 *bl- 之聲符・其後乃爲 bl＞kʻ 之衍・（此在安南語中有同例，如 plau＞kʻau, 參閱馬伯樂 Étude sur la phonèitque historiqune de la laugue annamite・）故从果者尙有裸 luo， 雖訛異已甚，而痕跡未盡泯也・

準上所述，可知語源之研討，固賴於文字之倖存；而文字之推求，亦賴於語言之互證・此兩者往往爲一事之兩面，而非後先之兩事・高君雖精通漢籍，而遠居西土，其於史料之取資，本不如我人之便，稍有隔膜，亦無足怪・又其第一篇中，稱漢語之音讀與形式，在文字未具以前，實已極簡，故漢字亦不能不有一種特性以應之・ 此亦未必盡然・ 甲金文中， 往往有若干加綴之符號・甲文如[illegible]有[illegible]，[illegible]有[illegible]，金文如[illegible]有[illegible]，[illegible]有[illegible]，皆甚似 prefix p- 或 m- 之痕跡・ （甲文之八， 余向疑爲彡飾，實悞・附正於此・ ）其他可舉者尙夥・疏通證明， 雖俟異日， 必斷言其絕無變化， 則似亦失之過早也・

上來所陳， 以爲篇幅所限， 皆僅及其辜較・ 惟區區之愚，竊以爲關於古文字語言研討之徑路者甚鉅，故先表而出之．以乞高君及昌羣先生之敎．其他方面，倘有足以商討者，亦不復出也．

聞宥

民國二十三年二月序於平西成府之寓廬

譯者贅言

瑞典高本漢先生(Bernhard Karlgren) 在我國古音學上的貢獻，學術界早有定評·高氏的結論，我國學者不少接受的，在歐洲則惟馬伯樂氏 (H. Maspero) 常與之處於對立的地位·高氏謂上古中國語有語尾變化，馬氏反之，高氏分別古音的韻類，馬氏亦多所商榷·數年前高氏據敦煌本切韻殘卷而考證第六世紀之音，馬氏亦嘗為文駁論，當時我國學者對於古音亦發生一場論戰，中國語言音韻者之廢棄傳統的反切法而採用系統的羅馬字音標法，即自此始·現在國內幾個明敏的語言音韻學者之所以能表現相當的成就，未始非有借於高氏之力·最近高氏又著詩經研究(載 Bulletin of The Museum of Far East Antiquities, Stockholm, No. 4)及老子中之詩韻(載 Göteborgs Högskolas Årsskrift)，此二文為他考訂中國上古音讀的重要結論·

高氏的單行本著作，據我所知，譯成中文者，連本書共有三種，論文有四五種．有兩位譯者喜改動高氏的標音符號，這固然亦屬譯者的責任，但我以爲未得著者的同意時，其正確否還是不改爲是，關於這層，本書全依高氏的原文，惟明知其錯誤或刊誤者，如原書頁八四第二節十二行之福建當改廣東，頁一一二之兩‘箭’字當改爲‘甬’，頁一三二倒數第五行之 Pek.A.J.當改J.爲Ch.，此外書中間有一二處爲手民誤植，譯者便逕行改正了．

本書原名 Philology and Ancient China (1926)，書名久經思索，總難譯妥，不得已乃改易今名．

此書之譯在民國十七年，至今五更寒暑，中間經‘一二八’之難，商務書館總廠被敵焚燬，而本書譯稿及已將完工的紙板亦同罹劫．今年九月始整理殘篇，又承王雲五先生的盛意，再行重印，此譯本始得重見於世．

賀昌羣二十二，十二，十五．於北平北海．

中國語言學研究

引　言

挪威京城的學術界想做一番對於人文研究的大事業，於是創設了一個'人類文化比較研究所'，這是適應歷史的科學精神之一種最高的計劃·初擬限於很狹窄的題目之專研，文獻的考證及國學的各門學問；但人文的研究，開始便得很順利的進行，因爲視野擴大了，新學問的領域亦開放了，印度的思想與語言亦成學者鑽研的交點了，從前研究的各種學問已都起了關係了·這些趨向都足以開展經驗的範圍，而投照以比較研究法之光，如高擎火炬奔馳於近代一切人文研究的畛域之中，無論其方法爲歷史學派的或語言學派的·因此，這研究一方面更探究到美洲的古代文明，及其人種與現今的各種語言；在另一方面，則注意於亞洲古今五光十色的文明及各種語文的歧異·譬如說，北半球的歷史家對於日本的'海盜時代'(Viking Age) 而引起一種相資爲鑑的趣味，我們瑞典的大史家饒爾納 (Harald Hjärne) 即曾對日本與瑞典的歷史下過一番淵深敏銳的功夫·對於哲學家，如中國的思想，其凝聚性雖不能與印度思想等量等觀，但固深饒趣味·對於語言學者，那東方的廣大的語言區域，暗流着豐沛的大動脈，在這區域中已經有人工作過了，但結果還須重新考驗，敢說這方面對於幫助決定語言進化的普通規律，必大有可爲·

這擴大的趨向和比較的研究，是挪威研究所的基本企圖，雖然研究所之成立爲時甚短，但很願在這里貢獻一門東亞的學問，雖說較爲幼稚，但對於北方（指斯干底拉維亞半島——譯者）的各大學幾乎還是陌生的·我很欣幸，承你們的延請，教我告訴你們一些關於在這門學問中所研究得的成績·

在這研究所中的研究員，應不可疎忽這個比較研究的觀念·那末，要叙述一些關於中國學術(Sinology) 的重要的事項，求其與他種研究之同和異(Parallels and

Contrasts）的現象，而或許能於其中得到啟示，這便是我的工作了·我個人的研究側重於中國歷史，尤其是她的聲韻學和語音的演變，眞是一片沃野，這便是引誘我選擇如本書的題目來研究之故·語音學者❶可以在這片沃野中獲到豐富的收成，我們在印歐（Indo-European）語系的現象中亦可得到很正確的啟示——如在某種情況之下的上腭音，喉音及同音與分化音，音之通轉及僕音之消失，與夫呼出的音樂的重音——總之，假如我們要試行從事於建設一普遍的進化的語音學，這些都是極有價值的對比·此外自然還有中國語發展過程中其自身所具有的各種特殊情形，及通常現象裏的種種疑難，這些也是很可資爲借鏡的·

❶我將在此聲明，本書下文所用——依歐洲大陸的習慣——術語，如語音學，語音學的，語音學者（linguistics, linguistic, liguist）與語言研究之義同，包括聲韻學（Phonology），字形學（Morphology），句法（Syntax），語義進化論（Semasiology）等之敍述的，歷史的，比較的研究·而語言學，語言學的，語言學者（philology, philological, philologist）一詞，則爲廣義的語言研究，蓋指語言爲文獻之傳述，卽校勘學，訓詁學等·這層在英語中是沒有含混的·

但我知道這樣一個企圖，尤其關於純粹語音學，必不能滿意的實現這個叢書（按卽人文研究所出版的叢書，高氏此書卽該叢書之一種——譯者）的目的，換言之，卽不能給與普通文化學者之於中國學術與其他各種研究參互比較而得其異同；因此本書略略避去其專門性·所幸我亦無須穿著語音學的外衣，我是披著歷史學者或文獻學者的衫褂，以求達到這個最通俗的目的·因爲在中國，事實是如此，那語言的本質和它的特性以及文字的基本組織，都注定了，有許多已十分異於古代中國的文明，可是也有新的仍根深蔕固地從出於古昔的·卽以語音而論，因其語言本質之變易無常，故於中國古史的研究，在種種關係上，對於研究西方學問的學者，就完全失去其參互比較的功用·有許多是相類·相同而且很饒趣味，但絕不相同而適相反的事卻也不少，再泛言之，就是我們須得採用別的完全不同的方法，這些趨異的情形，都是中國語的特性有以致之，可令我們長思的，應詳爲敘述，因此我用了本書的標題，所論是：

中國古代語的特性是什麼構成的，那構成這特性的東西，是她的文獻嗎？對於這種語言學上的問題和治語言學的方法是什麼，這問題和方法要怎樣才可有辦法去解決？現在語言學者對於解除這些特性的困難，和近來改革語言文字的各種問題是怎樣？

於是我的論述便分爲三個段落．第一很扼要的論述中國語言文字的性質——祇是一個概括的描述，所以其中有許多是曾爲各家論列而久已周知的事❶，但間亦參着我自己的觀點——這樣的描述是必須的，以便我們下文才好自由發揮．然後我試行提出一個治中國語音學的路徑和方法的意見． 關於這層， 我將貢献我從前研究所得的結論，簡略敘說一下，其中有些提示在我的意思還須繼續研究．最後，始進而涉及純粹的事實範圍，略論現時領袖學者所困心衡慮的問題，不單是中國，且將兼及其文化殖民地的日本，如何才可以把她現代的語言文字擺脫過去所受中國的束縛，蓋日本的語文仍然像櫥裏陳列着的一架髑髏咧．

---

❶參閱高本漢中國語與中國文 (Sound and Symbol in Chinese, Oxford, 1923. 按此書張世祿君已譯出，商務印書館出版．)

第一章

造論之始，讓我們先討論一句現代官話的句子·這種話是方今中國北部及中部通行的一種方言，與在北京城裏所流行的，卻又有些不同：

他 這個 朋友 是個很 聰明 人，

t'a chê-ko p'êng-yu shï ko hên ts'ung-ming jên,

去 年 到了 西洋 又 學 說 各 國

k'ü nien tao-liao si-yang ye hüe shuo ko kuo

話·

hua.

假如我們將這句話作個例子，從音韻學的立場上作初步的觀察，我們立刻可以看出它一個很單純的狀態(simplicity)——通常都沒有把抑揚的音調和重讀的樂音(musical accent)表明出來，我在前面也省去未標，原因是其中有點複雜的情形·上句中最顯明的一個現象是北京話裏不帶着僕音羣即幾個相連的僕音（如合成摩擦音之 ts-, ch-, ch'-, 實在都是簡單的音，故在西洋文字中，常當作一個字母拼寫，如德文的 'Zahl' 等）。今試舉一個音綴的格式如下：

a 或 xa 或 ax 或 xax（x 爲假定之音——譯者註。）

更有進者，尤須注意北京話中，沒有一個字的起首是用帶聲爆發音(voiced plosives)，如 b-, d-, g-, 或帶聲合成摩擦音(voiced affricates)，如 dz-, dj-, 也沒有一個音綴是不用元音或 -n 或 -ng 作收尾的；所以 pa, pan, pang 是可以有的，而 pab, pam, pas, pat, pad, par, pal, paf 等，則是絕對沒有的。不特此也，而且每一個字的構成，都祇有一個音綴（因爲如此，所以中國文字纔被稱爲單音制的語言）。所以中國語言的簡單性和無變化的外表，益形顯然；有這幾種强烈的限制，天然的便形成中國語上許多塹堵：假定她的文字確是單音制，假定幾個僕音無論如何不能相聯，假定字首與字尾都可以不用僕音——是的，這些都是使中國語不能產生許多發音不同的音綴，以應付那許多單個獨立的文字。事實上，北京話裏僅有四百二十個不同的音綴，雖因音調之不同，而可以增至約一千二百個，但一種語言的字音，祇有這樣少的音綴，那末，結果當然有許多字都是發音相同的了，好像英語中之‘bear’（屬動作）與‘bear’（屬態類），音同而異義的字一樣，須如何纔能打破這種種實際的困難，還是一個問題，我將另爲文以述；這里我們專來討論中國語在音韻學上的根據．

語言之發音系統如是其多，所以中國語之剛瘠的單音制，藉他種特性，而更顯著，此亦可於我們上文所舉之例句中見之．我們可以見得，各字當連串而成一個句子時，各個字仍不失其獨立的形式，亦無形式變化以表明相互的關係、假如我們任取一個拉丁字‘liber’，由這個字變演而成的字，則有 librum, libri, libro, libros, librorum, libris, 我們便知道這六七個由‘liber’所演變的字，若以中國字表之，祇須用一個簡單的‘書’(shu)字，就够了．固然，中國語中亦有少數的助語詞，如屬格助詞(genetive particle)之‘的’(-ti)，例：‘他的父’，可是這種助語詞，並不如西方語言裏通常語尾一樣，因爲它們在一句之中，其功用不是必然的 (obligatory)，在英語，你絕不能任意說‘his father’爲‘he father’，可是在中國語祇用很簡單的‘他爹’一語，也便完全可以達意了；這中間領有的意義是從上下文可得明瞭的．這少數的文法上說明的助語字，可以隨意的引用；所以不能搖動一般的論斷——所謂中國語是一種孤立語，就是說這種語言，其所構成的語詞，無論用於何處都無變化，或連接而成語句，或分散而爲個別的語詞，終歸不失其原形．正因爲中國語沒有形式變化．所以無轉成字的前置語及附尾語，比如英語之 be-loved, for-swear, sight-ly, sight-ly-ness, tru,-th, not-able 等．故北京話之'幸'(hing)字，可以訓爲英語之 luck（名詞），luckly（形容詞）或 luckily (副詞)，'信'(sin) 字可以訓爲 true, truth 或 trust ．總而言之，現代的北京話是沒有形態學 (morphology) 的立場的．

雖然，中國是一個龐大的國家，有三四百兆的人口，所以有無數的方言，各種方言的互相懸殊，直如外國語之不同；如在南方沿海一帶，方音之複雜，各成疆界，彼此說話，都不能相通，北方人更不用說，所以在這章簡短的引論中，我們絕不能輕率地便從北京話裏下幾個結論，我們還得多舉幾種其他地方的話做例，以資比較．今試引一句廣州話於此：

每 國 應 效做 別國格 好處，

mui kuok ing hok-fān pīt-kuok-ke hou-ch'ü,

兼且要改 自己過・

kīm-k'ap yu kāi tsī-kei kuo.

這例句中的音，我們可以看出與北京話裏頗有不同的地方，廣州話的收聲還帶着 -m,-p,-t,-k, 北京話便乾淨的沒有；可是其相同之點也如北京話一樣，沒有 b-,d-,g- 等帶聲爆發音，而且，也有極少數的不同的音綴——大約有七百二十個（除去音調變化以外）；並且亦如北京話，沒有僕音羣的連接，所以仍是單音制的語言，仍是孤立語，語詞的結合沒有形式的變化，也祇用少數的助語詞而已・

假如我們再舉一句上海的方言爲例，我們就可以尋着這樣的句子：

病 滿 重， 現在 醫生嘸沒 望 頭・

bing mä dzung, ye-dze i-sêng m -me mång-deu.

果然，這里竟有字首的音是 b-,d-,g-,dj-,dz-, 恰與我們上邊所說的北京話和廣州話相反・但是上海話的不容字尾收有 -m,-p,-t,-k 音，卻與北京話相同，又・其為單音制及無語尾變化，仍是與前二者是一樣的。

事實上，我們考察中國無論那一種方言，這結案總是一致的。根據音韻學上的推求，固不免有方音紛歧之處，但在這許多不同的方言中，都共同有一種重要的明確的普遍現象——就是沒有僕音羣的聯合；字尾的僕音在某種發音中，有時亦有之，但為數甚少。因為這樣，所以發音不同的音綴很覺得貧乏（要是中國語離開了音調的變化，沒有一種方言具有千個以上的音綴的），這是形成其單音制及無形式變化與轉成字的大原因。故中國語之極端單純的現象，所以容易引起人家說它還是在原始的狀態（primitiveness）。又無怪乎十九世紀學者起初研究各種語言的分類及其特性時，中國語是歸入於原始的未發達的一類之中——因為這類的語言，都是未曾達到歐洲語那樣富於形式變化與轉成字以及多音綴的單字的。

不久之後，就有個與這相反的論調起來，謂上古的一個時代，中國語或者也曾有比較豐富的音綴，或者也曾有僕音羣與形式變化及轉成字，或者也是多音綴的；不過年代湮久，便逐漸減退而亡失了。一八八一年格剌

布（Wilhelm Grube），一個德意志的學者，曾有一篇論中國語在語言學上的地位，便是主張這種說法的代表者·

講到這里，似乎就要引起下面這個問題：我們知道中國是富有最古文書載籍的國家，還有紀元前二千年時的典册，至若紀元前一千年的書史，則更爲繁博，可以爲我們探討的資料，何用我們冥索臆斷呢？我們何不去一一考故籍，看看中國語的音韻原來是不是很豐富的，是否與現在的語言不同，是否在耶穌紀元前的時代有多音綴的字，有形式變化和轉成字？不幸這樣簡單的說法，斷斷不能解答這個問題·因爲中國的古代文字——這層我們當在後面詳細討論——並不是一種音標的文字，而是意標的，因此，我們誦讀古書當然不能與作書的古人有同樣的聲音·中國各個字旣非個別的音標符號所組織而成，所以不管他古代與今方言怎樣的讀法，都祇是代表一個字義的習用符號而已·我曾說過，我們後面將要論到這種特殊的古代文字，此刻所應討論的主點是：這些古代的文書載籍，決不能直接供給我們一個探討的關鍵，以開發古代中國語言的蘊藏·所以我們要得到對於

中國語的斷案，第一步便不得不從與它有關係的別種語言，參伍比較，以探究其共同的性質・

事實是如此，我們也不必多舉中國語的這樣單純與簡促的顯例・在法蘭西語言中，我們可以見着一大批各不相同的語尾，而都同收-o的音，如：be*au*, chev*aux*, d*os*, tr*op*, m*ot*, m*ots*, h*aut*, h*auts*, écha f*aud* 等・今試返觀北京話，其收聲祇能爲元音或 -n,-ng 的音，我們於此可以猜度現在北京話中，儘有許多字是收一個元音的，而在中國古音中，則本爲收僕音的，後來漸漸遺失了，正如上所舉法語之收音然；例如：北京話的'筆'(pi) 字，也許是由古代的 pit 或 pik 之類的收音脫變而爲今音的，正如英語之 knock 或瑞典語之 hvit ，其起首之僕音已遺失・於是我們可以設想中國古音的僕音羣已經變爲簡化，到了現在，音綴上祇有單個的僕音了・即如法語的 je parl(e) , tu parl(es) , ils parl(ent) 這些句子裏，其字尾之差異，根本何等懸殊，但在說話時，這幾個不同的字尾（譯者按：指括符內者）都失去其發音了，祇有不變的語根 parl 仍舊存在着；故中國古音或許也有尾語 (suffix) ，而現在已經亡失了・這種語言的演變，在我們印歐(Indo-European)語系中，本是尋常發展的過程，其所從出的母語——希臘，拉丁，梵語，確鑿的原有很多的形式變化，但都漸漸的消失了。譬如英語便幾乎如中國語一樣沒有語尾變化了，以極廣泛的話說來，分析的英國語卽無容納轉成字的傾向，例如，從形容詞之 clean 演化而為動詞之 to cleanse，可是我們知道這個動詞的最通行的形式，也是 to clean，這便是那形容詞的語根是不帶着尾語的。這點是很明顯地如現代的中國語一樣。臨了，再論關於單音制一層，我們看現在瑞典的方言中，有 bonden 變而爲 bonn, slitit>slēt 等語詞，那末，我們現在假定在很早的時代，中國語音亦是雙音綴的單字，後來漸漸地因音的省略 (syncope) 之故，便合併而成各個單音綴的字了，也非毫無理由吧。

從上面這許多事例看來，我們很可以假定說，現在單音綴的與無語尾變化的中國語，久已脫離了原始未發展的境地，而為一種最先進的與極省略的語言的代表，其單純與平衡的現象，較之英語尤為深進。但是，我們不能就將這樣儱侗的論調，自認爲滿意，我們還須求得具體的證據，第一步功夫，那是任何語言學者都知道的，我們當先採用比較語言學的方法，然後我再詳細的指示我們怎樣的研究中國古音；不管文字形體的障礙，我們可以純粹由中國材料入手，憑我們研究的深淺，以推論中國古語的音韻·至於開始研究時，不妨引動我們的目光，注射到遠一點的地方，便是說，認定那幾種與中國語有關係的語言，從這較廣的範圍之內，尋出一些確定的觀點·

通常的觀念，自來大都以中國語與暹邏語爲妹姊語，綜合其他印度支那地方之語言，以成爲印度支那語族，亦得通稱中國語系 (Sinitic languages)·其他各大支爲西藏語，緬甸語等·

暹邏語與中國語之關係，雖不甚切近，以兩國現行之文字證之，亦少有匯通之點，然兩者類似之點很容易發見·暹邏語亦如中國語一樣，爲一種音單綴的孤立的語言，不過它的音韻還有一二點特別的形跡·如現在中國語中已不存在的僕音羣，在暹邏語裏，我們還可尋着很多的例子，如廣東語的'藍'(lām)字，與暹邏語 kʻram 一字，音義相同，此字之音，蓋由古字 grām 轉變而來·於是我們卽刻得到一個證據，知道這個字音在中國一個遠古的時代是帶有 gr- 或 gl- 的音，隨後纔簡縮而成 l- 的音，猶之英語 knock 一字，變而爲 nock 的讀音一樣·

雖然，尤其重要者，還是西藏語，很幸運的，西藏古代的音讀是七世紀時根據梵文字母的音標文字·如是，我們可得確知一千三百年前的西藏語音，並得一個很古很好的標尺 —— 以量度西藏語與中國語確實的關係·可是，有些學者仍舊對於此點發生懷疑（參看一九二〇年 Henri Maspero 論文，Bull. Ec. Franç. d'Extr Orient, 頁二二注）·但在我看來，從兩國現存的文字中，以考明其相互的關係，實在有充分的證據·下舉諸例，可資比較：

	古西藏語：	廣東語：
2	gnyis	i（上海語 nyi）
3	gsum	sam
4	bži	sī
5	lnga	ng
6	drug	luk

8	brgyad	pāt
9	dgu	kau

任何人也可以見得上舉諸字確實相同的地方與其同樣的原始形式·於是我們更進而作一番有趣的觀察：上文說過，現代中國語中是沒有僕音羣的，可是，西藏語中則不特有之，而且正是它一種顯著的形象·其失之於中國語者，還能在這種殘形較古的語言中尋出來·西藏語通常都是有形式變化的，所以我們在表實的語詞中，可以尋出許多有形式變化的字出來，而且除字尾不同外，其用法又是必然的，並不如中國助詞贅語那樣偶然的，任意採用的，如：

主　格	lus(體，body)
屬　格	lus-kyi
主示格	lus-kyis
連接格	lus-la
示位格	lus-na
奪　格	lus-nas
終結格	lus-su

在古西藏語的動詞中，我們也可以尋得許多形式變

化的字·一個語根，依表時的不同，可以有好幾種字音不同的變字，如現在時之 gtong（意云'給與'英語爲 gives），其過去完全時則爲 btang（英語 has given），將來時爲 gtang（英語 shall give），命令式又爲 t'ong（英語 give）·其字尾則大多爲表示動詞的功用，例如，正動詞之後有 -pa 或 -ba，卽 gtong-ba (to give)，動名詞之後，則繫以-te 或-ste，卽 gtong-ste(giving)，btang-ste (having given) 等·然後我們再來看現代中國語的特質，其與古代西藏語的關係幾難認識；蓋古西藏語的音韻，並不如現代中國語那樣單純，且富有僕音羣，而其性質壓根兒不是孤立語，如現代中國語之無形式變化，無形態學上的關係，古西藏語顯然與之相反·

但是，二者卻有一個很重要的相同處，就是單音制——一個單字衹有一個音綴·而且我們可以假定這單音制的由來，已很久了·原始中國語也是富有雙音綴或多音綴的文字，有些學者亦承認中國最古的文字形式中，還有這類的痕跡可尋·但，大概說來，中國語的單音制的立成，必定在一個很遙遠的時代·西藏語與中國語之分歧，亦當遠在耶穌誕生之前·遍考耶穌紀元前千餘年的中國記載，都認西藏民族爲蠻夷異族，而語言的單音制，則爲兩種民族所共同的；那末，我們就很容易的斷定這單音制的成立，是在這兩種語言還未分離的時代．我們固然也可以不必這樣斷定，因爲也許它們是不期而並行發展的，也許在古代的時候，兩種語言的結構，都是由雙音綴而入於單音綴，本是各不相干的呢．但，這層我們還有種種說明，可以解釋中國語遠在紀元前一千年之初，便已成爲單音制了．如今我們還可見得從那個時代所保存下來的一些詩歌，如詩經裏國風第一首的抒情詩．

這首詩歌的文字，一直從紀元前若干年遞傳到如今；我們既然不知道那時究竟是怎樣讀法的，現在姑且把它用北京音讀起來：

關關雎鳩
在河之洲
窈窕淑女
君子好逑．

Kuan kuan tsü kiu
Tsai ho chï chou

Yao tiao shu nü

Kün tsï hao k'iu,

用廣州音讀起來：

Kuān kuān tsü kau

Tsoi ho chi chau

Yu tiu shuk nü

Kuăn taï hou k'au

中國古音的正確的讀法，現在雖不可得而知，但我們卻能分辨得出它的音律是基於單音綴的文字之上的．尤須注意者，在這若干篇什中，音律是很謹嚴的，確非偶然的適合． 假如我們從中隨便插進一個雙音綴的文字，那便可以完全破壞全詩的音律．

另一方面言之，還有一個好的辨證，可以假定中國語的孤立性及其無語尾變化與轉成字，是在耶穌紀元前已經很確定的成立了．這是根據於中國文字的本身．中國文字的剛瘠性，保守性，不容有形式上的變化，遂直接使古代造字者因勢利導，祇用一簡單固定的形體，以代替一個完全的意義．紀元前二千年時，這類字體，已經有了許多，而大部分都是在紀元前一千年之間陸續造成的，那時候，中國文字的形式結構，雖不能說是完全變更，確已大爲減省了。須知造字之初，作者仰觀天象，俯察萬物，近取諸身，依類而象其形，如男人爲‘人’(jên) 象兩足形，婦人之爲‘女’(nü)，假使另外有許多字是由 nü 這語根演化出來的，如德文中之 Weib, Weibes, Weibe, Weiber, Weibern, weiblich, weiblicher, Weiblichkeit,那末，當時中國的哲人也會把這 weib 提了出來，凡屬於可用‘女’字的，都以這個字的形象，加上別的符號——自然是形聲字——來做這些字的語尾或演成字的變化語，如德文之 -e, -es, -er, -ern, -lich, -lichkeit。反轉來說，古代中國文字凡代表如英文 true（形容詞），truth（名詞），trust（動詞之現在式），trusted (動詞之過去式）諸種觀念的，統以一個固定不變的‘信’（北京音 sin，關於此點，我不願就在這里說明）字表示之，並無其他附加符號以示區別，那末，我們至少可以說，大概當時有 x 字而現在之讀音爲 sin 表明一切‘信’的意義的，本是一個單音綴的文字，並無形式變化或接頭語，故亦沒有如英語裏由 true 轉 truth 等字那種變化的形式。

這樣看來，在紀元前的時代，中國語的形式與聲音，已經達到極單純的局勢；遂使其文字的結構，具有一種特別的性質，輾轉循環，又影響於後來語言的發展，至深且鉅；下章當簡略地敘述一下。

第二章

據我們現在所知，我們可以斷定現在中國文字完全是中國人自己發明的·幾年前瑞典探檢家安特生 (J. G. Andersson) 在中國幾次考古的大發見，從石器時代遞嬗而下，發掘六個不同的地層，乃是紀元前三千年至二千年的遺跡 · 當時的文化確曾一度受過西方很强的影響，尚不難有蛛絲馬跡可尋·有許多陶器上的圖飾，酷像在阿諾 (Anau) 及蘇薩(Susa)所發掘的新石器時代的風格，我們很難把它在文化的關係上擯而不論，縱不必說當時亞洲西部曾有移民於中國之事，而商業上與文化的交流，我們總不能忽視的·但是，這幾次豐富的發見中，並沒有遇到文字上的遺迹，所以我們敢斷定中國文字決非由西亞分化的而來，卽其原始字形，亦爲中國人自己的創作·據現存中國最古文字，可以分爲兩類：其一爲殘缺的金文，鏤鐫於鐘鼎彝器之上，據中國文字學者的考訂，乃紀元前二千年前的產物 · 但其確實的年代，則諸說紛紜，莫衷一是，可以爲根據者絕少·其二，則爲考訂此學最好的材料，那便是一八九九年在河南安陽縣所發掘的幾千塊龜甲獸骨·此種甲骨，係古代中國人以爲占卜之用，卜時削治甲骨，以火在窪處灼之，則坼縱橫之紋見於骨表，卜者依其所顯而解釋之·復於甲骨之上鐫刻卜辭以求應於先王先公之靈·所以這些卜辭，含有絕大的價值·關於這一宗發現的材料，本身可靠，毫無疑義，可以作我們考證的張本；因爲此項甲骨文，其上有商殷帝王名號（據一般的考證，其確實年代在紀元前一七六六年至一一二二年），曾見於史冊，有足徵者·從卜辭中，我們就可以看到商殷的文字，就是現存中國文字中最古的一種·骨甲文字的書法，是很精巧的，依我們看來，其去文字的原始制作之期，實已很遠了·

這不消說：自紀元前二千年以至現在，中國文字已經有極長時期的演變·不特文字的書法大有更改，即字義亦頗有變遷·如果我們要研究這段發展演變的過程，還有很豐富的材料，可資參考·自從紀元後一世紀古文字學者許愼作了一部說文解字之後，中國學者就繼續不

斷的研究文字了·

中國上古時代的字，皆爲最簡單的文字畫，象事物之形，這種文字畫是用來代表現實的世界的·所謂'仰則觀象於天，俯則觀法於地'·卽至今日，這種文字畫的形態，仍是很顯明的，如：'田''人''木''工''川'等字，猶不難領會其形象·下列諸字，乃紀元前二百年時之形態（卽所謂'小篆'者），尤爲顯而易見，如：日今寫爲'日'，月'月'，子(子)，皿（皿，說文飯食之器也）·至如小篆的鹿（鹿）和角（角），我們更得追遡它們較古的形體，在殷墟甲骨文字中，此二字爲[illegible]和[illegible]，又如小篆之'女'字爲[illegible]，而甲骨文爲[illegible]，其形體尤爲近似·

文字畫之形式爲象實物之形，其由來已久，上邊所舉最古之中國字書說文，其中這樣的象形字共有三百六十四個·但象形字的最大缺點是不適於表示抽象的觀念·爲要達到這個目的，就不能不轉變其意思，採取象徵作用，現在我們可以看看這類很巧妙的字，例如交（交）字，象一人之兩足相交，從而可以代表一切相互交叉的意義·這個方法引而申之，其用靡廣，在說文中

竟有一百二十五個之多·雖然，這還是不敷用的，所以不能不再闢一些新的方法·

未論到這層關係以前，我們還得仔細討論一下書法演變的程序·上文說過，文字的起源，其基本觀念是出於圖畫，或文字畫，應用旣久，文字之本身遂逐漸分化，殷墟甲骨文字中，已經顯示有一字異形的現象了·紀元前一千年頃，封建制度發達，文字分裂的趨勢更加厲害·那時中國的政治區域在現在的北部黃河流域，爲文化薈萃之區——諸侯之都，多在於此，不過彼此距離甚遠·諸侯之小朝廷中，各有史官，書吏，太卜等，以掌各種行政，於是文字上的統一，受極大的障礙，同是一個字，各侯國的文臣書吏，有各種不同的寫法；於是文字就發生許多異體了·

其次一個原因，便是書寫的工具之演變·我們看殷代的甲骨文字，原是用一種尖銳之物鐫刻而成；嗣後便以木筆澆上黑色流質書於木片，竹簡或縑帛上，書法由是呈流利自由之狀·其時一般書吏多隨意增損筆畫，故文字體式分歧，據史册所紀，當時有所謂‘大篆’者出，規約異文，訂立標準·但是及至周代封建制度崩潰，諸侯勢力復統一於中央集權之下，文字之形體，始隨之由紛歧而趨於一致．紀元前二二一年秦始皇帝初併天下，君權一統，丞相李斯乃奏同之，罷其不與秦文合者，所謂'小篆'是也．其形體約易，後世中國文字的體制，悉由此演變而來．同時，又有毛筆之發明，對於'小篆'的書法，頗多改進，初有'隸書'的發生．其後數世紀之間，又有'楷書'即現行之正楷字（楷書爲簡約篆體而變其曲線或圓弧爲直線或直角者），與'艸書'相並而行；至此而文字之變已極．這種艸書是一種不正則的速寫體，使現今研究'支那學的'人，感受最大的困苦．茲舉一'鳥'字爲例，以見其遞變的痕跡：

小篆	楷書	草書
[illegible]	鳥	[illegible]

其實李斯之省改大篆，並不曾立有一定的標準，以定取捨，不過憑秦國自己通行的文字加以省改，以致文字的體式多有不合正規．此層已爲中國治文字之學者所公認．中國文字學者以爲說文一書，根據李斯之小篆而成，從研究古文字學的立場而論，還算不得是古文最後的書體．有些精勤的學者，便從紀元前一二千年古鐘鼎

彝器上的金文，詳加研究，將李斯以前各種文字，系統的把它們整理出來，指出李斯的許多錯誤之所在，關於這種材料的收集，刊行於世者，卷帙很多，都是很有價值的，因爲這些文字都鐫刻於古代所遺存的器物之上，此種器物或原於戰爭或因變亂之故，久已湮沒散失了．其最有價值者，即近三十年中在河南安陽縣掘得的龜甲骨，考其年代，當在紀元前二千年．從這項豐富的材料中，我們可以知道更比考證金石文字的學者所收集的紀元前一千年的各種文字，尤爲近古可靠．在中國從事於考證龜甲文字的著名學者，當以羅振玉，王國維諸人爲最有成績，英人研究此學者以霍布金(L. C. Hopkins)爲最精深；他們對於中國古文字學都有很多的貢獻，遠邁數百年來治古文字之學者進步，略舉數例於下：

即如‘大’與‘天’這兩個字，自說文以下，都認爲二者是相關的．‘大’字本象一個成人之形，於其下加一橫則爲立（楷書‘立’）字，象人立於地上之狀．而‘天’字的普通的解釋，乃是象在人的頭上加一橫物．這個立意，雖算不得奇特，不過從這個字的本身說來，也是很有道理的．但是，我們現在從這兩個字的實體上說，天字的意義，在古代中國完全是代表一個基本的宗教觀念·天與上帝原來是二而一的名詞，蓋中國古代以神道設教，天爲統治宇宙的大主宰，一切權力都屬於天，君爲天之子，代表天者，可以行使天之職權，爲人間之統治者·天又與神 (God) 是二而一的·其所謂神，非如後世之爲抽象的，非人格的東西，原來是很具體的·據最近古文字學說，天字本是代表純然的一個'天人合一'的觀念，我們從殷墟文字中，不難尋出它的例證來，有幾個的頭上是圓圈的樣子，如吴，很顯明的是畫的一個人形——象神的形·

更有一個例，便是'行'字·此字在小篆寫着㣔·歷來的解釋都以爲'行，脚印也'·這個簡單的解釋，固然也略有理由，但是在最古的文籍中，我們卻可以尋得與這個書法略有不同的㐄字·㐄即是行，與小篆之㣔，大體上雖微有差異，而這字體卻可以使'行，脚印也'之說，根本不能成立·關於此點，近今中國古文字學者辨正極爲精審，以爲行絕不是脚印那樣解釋，當另有他種意義·據基督以前史册所紀，'行'之義，並不僅是'去'的意思，還存着'到那里去，步行，道路'等義，(據學者考證，此字蓋特指王宮內之道路）·須知𠀠的寫法，明明是象一個十字街之形·最初造字的人，決不會先作抽象的字，象'路'的形式，自然比較抽象的行動之意，要簡易一點；故行字必是象十字街頭之形·準此而論，這個新字體的發見 ， 我們正可因此得到一個最後的結論；然而，猶不能使人盡卻其疑竇者，其故則由於傳統的說文之註釋，縈繞於一般人之腦際，以'行'爲'脚印'也·可是 ， 謹嚴的學者 ， 是應當對於這種事實不懷成見，平心靜氣的把頭腦弄清楚纔是·假如殷墟文字的發見在小篆成立之前，則小篆的根據，當不致僅僅憑着周秦之間幾世紀的文書載籍而已 · 從合理的推測 ，所謂'脚印'之彳亍，在普通字形學上說來，可說是𠀠的訛變之形·但是，也可反轉來說，當時有些地方與龜甲文並行進展的文字，仍是寫着的，而𠀠字實爲原形，在龜甲文字中變爲彳亍的·我們究竟還不曾得到較殷墟文字更古的發見，所以未能斷定究竟何者爲正爲訛·考小篆體制之成立，原是根據'罷其不與秦文合者'一個原則而來，它的本身或者亦有個悠長的淵源·據我們現在看來，其中頗有不少的謬誤和混亂的地方，也許異日我們還能尋出線索，考訂其最初發生的年代．所以在邏輯上我們不能把話太說得呆板，以為河南龜甲文字之外，別無可考的最古文字的資料了；其實龜甲文字不過是據現時我們所知道的一種最古而有確實年代的文字罷了．所以必待殷周時代各封建諸侯立都的地方，已經被考古學家有系統的發掘之後，我們才能明白當時各國所用文字的情形，我們纔可以斷定何者是從通行的原始字演變而來的，何者是與原始字獨立並行發展的．

我們曉得古代的文字畫中，的確有一片宏富的重要的田地，足供古文字學者的探討，許多偉大的工作，還須待後來者的努力．若能獲得圓滿的結果，必是十分重要的，這話不單是從文字演變史的眼光觀之，是如此，就是以考古學的觀點看來，亦何嘗不如此．因為從文字方面着手，研究中國最古時代的文化，往往可以得到意外的極有價值的發現．

現在我們回頭來研究中國文字最初發展的問題．這層我們不能不溯源於第一個階段的象形字．象形字是象一些具體的現象之形，如‘日’字以及帶有象徵作用的‘交’字．這類古字的造成，姑無論其立意如何巧妙，總是不能完全供表白之用，所以從紀元前二千年時，我們就可以尋得第二階段的演變之例．便是結合兩個以上舊有的象形字以代表一個新的意義．如'日'與'月'相合，而成'明'字，所以示'淸楚光亮'之意．又如'女'與'子'相合，而成一個新字'好'，所以示'善，愛'之意．這個方法一經創出之後，其用攸廣，說文解字中，這類會意字就不下一千一百六十七字之多（參閱我的 Sound and Symbol in Chinese. Oxford，1923.），其精妙之處，在能表白一個簡單的象形字所不能表白的意思．然而卻有一個很大的困難，因爲這種字的創造，是很不容易的，須要造字者絕大的心機纔能搆成．其後，人事日繁，除應用於卜筮，誥白的文字之外，尙有很多的意思，字形所不能表示的；於是便又去另尋創造的方法，雖然並不縝密，但卻可以增添數千的新字．這種方法最後的成就，便是形聲字的發明．形聲字是不用字母拼音，'以事爲名，取譬相成'，主音而不主義；可是，這方法在改造文字的創作上，一時是很不容易發展的；其後纔漸漸的便成爲半取其義，半取其音的合體字了．

在最初的一個時期，有人又想出一個權宜的補救方法以表達抽象觀念；這個方法如果用得過於廣泛，便行不通，但是在單獨引用的時候，卻很通用的．這就是假借別的實字，而僅推演其雙關的意義而成的抽象字．譬如‘求’，官話讀 k‘iu, 意云‘皮毛之衣’，可是，又有與這同樣的寫法，同樣的讀音，則爲‘尋覓’之意．這兩個形音同而義不同的字，必是在很早的時代便已經混合了．因爲當時一般書吏，想要寫一個抽象的 k‘iu 字（尋覓之意），頗難用一個象形的文字畫表示出來，所以纔假借一個本義象皮毛的‘求’字來代替．這在龜甲文字中已有不少的例．造字者其所以敢於冒險假借此字的原因，是由於這兩個字各自所含的意義太相懸殊了，雖說牽強，但絕不致於引起誤會，例如，讀者看到下面一句話：

我 求 福

wo k‘iu fu

他便卽刻可明白句中的‘求’字，若是當做‘皮毛之衣’解，便無意義了．故造字者必先給個定義說，還有個‘求’字是‘尋覓’之意，那末讀者一見到上邊的句子，便知道是‘我尋覓幸福’．像這樣的假借字，固然不致發生誤會；但是，作文的人，如果把這個方法用得太濫了，那在文字之間，必有意義分歧，或以辭害義的危險。於是不能不更另尋一個改進的方法。

這個改進的方法，是從文字本身上另一種的特性推演傳來的。例如，這兒有一個現代音讀爲 t'ung 的字，其義爲'一致，結合，混合'，再演變而爲其他一字，則爲'混合物，混合金屬，青銅'了。此字的書法爲'同'，其原來之義有二：一可釋爲'一致，混合'的抽象字，一可釋爲'混合物，青銅'的實體字。但是，不知到了某天的好時日，忽而一個聰明的書吏，想起了在後者——實體字的側邊，加上一個'金'，傍，表明此字係金屬的，後來寫'金屬混合物'的字，便改爲'銅'，就是'同'之爲金屬者。自這個方法創立之後，應用的十分普遍。即如'盧'字，其大意爲'盤，鍋'，於是便在本字的旁邊加上幾個不同的偏旁字，便成'鑪'，意爲金屬之鍋；'顱'意爲頭部中盤狀之物。餘均可依此類推。

臨了，我們可以明白這兩類字體的構成，是各屬於兩個很清晰的範疇之內的：(1)'求'，本義爲'皮毛之衣'，而假借其字爲'尋覓'之意，乃僅假其音；(2)

'銅'其正寫本爲'同'，銅爲金屬混合物，而'同'則爲'混合'之意．由前者之例言之，則'求'字完全是一種聲音的符號；由後者之例言之，則其全字之各一半——金|同——一半是表意，一半是表音而兼具有意義的．這兩個方法一經併合，所以便自然而然的產生一個絕妙的新方法出來．第一步功夫——先假借一個字的聲音，第二步功夫——再加上表意的符號，然後互相聯合，使全字之義得以明瞭．這樣一來，你如果想要找一個'球'字(玉石之圓者)與'皮毛之衣'的'求'字，同音而異義，那末，便一如'尋覓'之'求'字而假其聲音一樣的辦法，讀'玉石之圓'者亦爲'求'(kʻiu)音，然後再接上一個偏旁的'玉'字（玉，爲象一塊寶石之形），以表明這字與'皮毛之衣'與'求'字無關，便成另一個意義的'球'字了．由這兩個獨立的因素，而成相互的作用，在文字的組織法上便造成一種規律——其一是表意，其一是表音．如'球'字，其一個偏旁爲'玉'，所以表意，另一個偏旁爲'求'，所以表音．根據這個簡捷的方法，便很容易造出整千的新字來了．於是祇須一個同聲字與一個表意字相聯合，便可以得到許多新字來．如：

方(fang)，坊(fang)，訪(fang)，房(fang)，

其偏旁之表意字爲：‘土’,‘言’,‘戶’,皆各有不同的意義·

但是，這個方法，雖然含有充分的可能性，亦不無疑難的地方·因爲既經本此原則而制作新字，那末，所有這類的字，必爲音同而義不同的雙關字了·如上文所舉：fang，fang，fang 等，可是，並不見得很正確·此法發明之後，古代的寫作者也並不一定要取字音須絕對相同的，不過祇取其大致相似而已·如‘古’(ku)之一字，在‘枯’(k‘u)字中本爲表音，‘木’則爲表意·今‘古’與‘枯’之讀音爲 ku 與 k‘u，乃是現今官話的讀法·我們自然無從知道這兩個字的音在紀元前的時代究竟是如何讀，可是，我們很清楚的知道這兩個字的聲音不是完全相同的，因爲要是絕對的相同，則現今北京音中就應當沒有分別了；‘古’字既成爲‘枯’的表音字，兩字的讀音一定不是絕對的相同，乃是極密切的近似·因此‘枯’字之對於‘古’字，並不是純粹的表音，祇是一種‘諧聲’(sound-intimator)·所以‘枯’字必須這樣的分析：它是取義於‘木’，而音近於‘古’，‘古’讀爲 ku，故此字亦須讀爲 k‘u (枯)音·

這種方法的發生，祇是適合於中國語言的特性——這層，我在上文已經申述過了——所以在他種文字中都絕不曾發明或採用過．如單音制，無形式變化，缺少僕音羣，語尾應用僕音很有限制：這些現象，都是使中國文字成爲方塊頭，發生許多形體類似，筆畫緊密的原因．所以這種方法應用於中國文字，不特能夠通行，而且極其自然，沒有什麼阻礙，在紀元前二千年前的時代，這種方法早經發明了（我們不難從河南殷墟文字中見到此種例證），到如今中國文字十分之九還是這種形聲字呢．

以上所言，在在足以證明遠古的中國哲人，深覺文字畫之不敷應用，所以纔轉向於形聲的一方面，另闢蹊徑，他所採用的方法，在西方人看來，實在是很奇異的．我們回頭來看西方這些字母的分析的拼音文字，是多麼簡單，多麼自然，它的造字法如蟬聯一般，從一個音符再接上一個音符，可以層累地接上，如 c-a-t，這種方法雖然似乎是簡單，也是人類一個最靈巧的發明；然而，這在中國人的心理中，卻完全殊異．自文字畫的第一個時期起，中國的哲人，也曾想以音標替代整個的合體字，無如已入歧路，成見過深，總不能擺脫以前所訂下的原則，所以縱然後來有拼音拼文字的輸入，亦不能挽狂瀾於既倒了。

第三章

在第二章中，我曾說明中國文字之爲表意字，而非表音字的原因，誠然，中國形聲字也有一大部分是表音的（形聲字在紀元前一千年間已有很多出現了）；這類字是一個象形一個假借之音相組合而成，但隨後便不成爲純粹的表音字了·此其故，由於中國文字原非字母的拼音，不能隨時於文字中反照或修正逐漸變遷的音讀·因爲中國字的形體是由各單體字組合而成，一經固定，便不能有所改變·譬如'監'字的音，從前本讀如'kam'，而'藍'字的音則爲'glâm'，'藍'字的音與其表音字的'監'(kam)字音讀相似，其上之'艸'頭，則表其義爲'艸'屬·但是，後來'監'(kam)字的音卻逐漸改變而爲>kiam>kiam>kiem>kien>čien，而'藍'字的音·亦由glam變而爲lam>lan，這里，我們當明白，艸頭乃是表明'藍'字的意義，然而'監'與'藍'二字的音，如今卻一讀爲čien，一讀爲lan，幾有天淵之別，眞令人百思而不得其解．可是，雖然如此，而'藍'的形體仍舊絲毫無所變更，這是因爲它所代表者爲'藍靛'(indigo)的觀念，而這個觀念旣經成爲'藍'字，則字形固定，雖歷悠久的時間，亦不致有所變更．這樣一來，音讀上旣有所變遷，則表音字的本身已根本失去其作用，而僅爲習慣上代表觀念的形式符號而已．

現在我們開始以批評的眼光來觀察中國文字與語言的發展，對於其國家本身的影響有如何的價值．就現今中國一般青年兒童而論，他們對於本國語言文字的智識與拼音文字國家的兒童，其程度大相懸殊．如在印度，大約紀元後第二世紀之時，有人寫'姨'字爲 sassū，他可以知道他的祖先在紀元前一千年前的文獻中，這字的音讀是śvaśrūs，這便是由於拼音文字之賜．然而此種情形應用於中國文字，則萬萬不可能．比如一個北京人在二千年的古籍中見到一個'藍'字，他便即刻知道這字是現在讀爲 lan (藍靛)．但他決不能知道在二千年前那個著書的人讀此字爲何音．至多他祇能說'監'(čien)字是'藍'(lan)字表音的部分，兩字的讀音總有些相似，而現在'監'變爲 čien 音罷了．他祇能以現在自己的方音來誦讀古書上的文字，此外他便別無誦讀的方法了·所以現在同是一本古書，北京人就有北京人的讀法，廣東人就有廣東人的讀法，上海人又有上海人的讀法，如此類推，沒有一處是相同的·

這是什麽原故呢？中國文字與西方文字相較，有很大的差別，對於語言，也特別具有獨立的性質·西方文字不過是語言上詞句的複製品而已，就是說，字音句讀，完全和說話時一樣的·若語言的音韻有變化，則其書寫的形式和結構的方法亦必隨之而起變化；這樣，我們可以曉得歷代文字的變遷就是語音變遷的外表·例如梵語與拉丁語，其語言本身已成過去，依據其發展的結果，已成爲絕不相似的現代語了·至於我們現在拿拉丁文來寫一篇文章，其用意不過是把我們的思想移上另一種語言的形式——那是我們知道的，這種形式是在意大利古代盛行過的·中國的情形卻完全不同，在文章裏所用的語言和說話時所用的語言，並不是有完全相同的印象·在中國，所以構成文句的各個方塊頭的字體，並不是語音符號的組合，也非口語的紀錄品，僅是習慣上代表觀念的一種符號 (conventional symbol) 而已；至於那文章裏的字句，在古代是如何讀法，今日又是如何讀法，在中國人看來，都是次要的問題·一切文書載籍，都是爲兩目之用，不是爲口耳的活語的紀錄·文字自己的生命，是一種獨立的現象，與口語是分道揚鑣的·但須注意者，以上所言，乃在基督紀元以後全部過程中的事，因爲現行大部分文字的結構——縱然不是它的書寫的形式——在基督紀元前的時代已經固定；至紀元後之初期，中國文字已有許多發生音變了——這點我將在下文詳細的論述一番·

這里，也許有人要問：即使在中國人的眼光中，對於文言的讀音，視爲不甚緊要的事——這話不單是指現代的書籍而言，就是任何時代的書籍，都是各人本着自己的方音去讀的——那末，文言也是一種語言，就是說，文言也是有句讀的，一句之中必有主詞述詞及各種附加詞，與口語的組織一樣；所以我們有理由說，無論那個文人，摛詞作句時，都得依着他自己方言的文法寫爲文章，那末，即使文字的本身有所阻礙，不能照錄其音讀，亦可以使別地方或後世不同方言的人，因文字以知道著者當時所用的語言了·是的，以上的話，理論雖然充足，可是實際上仍舊要歸論到中國文字的本身，我們試一探討其究竟．

我們在上邊已經明白中國字音在上古時代較之現時一定有很多變化．古時中國字音，是有僕音羣的，字尾的僕音也較之現代爲多，不特如北京音祇容有 -n 及-ng 的收音，而且還有廣東音 -m,-p,-t,-k 的收音．所以古代有許多聲音絕不相同的單音字，與今日之字音實不可同日而語．因此雙關字——同音異義的字——在古代也不很多，也許還是現代歐西語裏比較多呢．總之，中國遠古時代構造句子，都是這些單獨的字組合而成的，讀起來還可以明白，聽者絕無淆惑分歧之感；試考周代（1122-256 B. C.）的文獻，更可確知其中所含這類單獨的字，實佔大部分．其原因並不祇是因爲作文時極力要使文句簡明，以便文書中不因使用文字的藝術幼稚而發生困難，且是因爲這些古書的文句都是當時所說的口語，用單獨的文字照着寫錄下來的，所以詞句非常簡約明瞭；就是平時說話，或討論哲理，也都照錄爲文字，語文完全是合一的．但是後來這些字音或被廢棄，或化爲簡略，本有僕音羣的字音，也變爲一二簡單的僕音了，如 glâm（藍）音之變爲 lâm, 隨後字尾的僕音也落去了；如 p'ag 之成 p'a, ljid>lji，隨後中國北部——與廣東相反的地方，連 -p, -t, -k 的收音也失掉了，所以有 lit>li, lip>li, lik>li 等的字音·這一大批的字音，從前本來是很淸晰可辨的，後來都逐漸變成一樣的音讀了·這樣一來，便發生許多音同義異的雙關字，如'衣'字，北京音讀作 i¯, '一'字亦讀作 i¯, '揖'字也讀作 i¯——這幾個字的讀音，在古代是迥然不同的，現在從廣東音裏還可以辨得出來，廣東音讀'衣'爲 i, 讀'一'爲 yăt，讀'揖'爲 yăp·如今在一本小小的約有 4300 字的北京音字典裏，便有八個部首的音都讀如 i¯（陰平），十七個讀 i'（陽平），七個讀 iˇ（上聲），三十七個讀 i`（去聲）的·又有六個 yen¯ 的音，十三個 yen' 的音，八個 yenˇ 的音，十五個 yen` 的音，等等·

我上邊曾說過，北京音裏所以有這樣多的音同義異的字，是因爲有些字或被廢棄或化簡單之故，其他的方音裏也有同樣的情形·這個變動的動機在紀元後第六世紀時已開始了——這個時期的語音系統，是可以考證出來的，下文將詳述之——當時已經有了許多音同義異的字．這是什麼緣故呢？一部分是因爲讀古書的人讀書時，古書裏大都是單獨的單音字與少數的助語字，他對於這些字的音讀，祇能用他自己的方音來做根據，除非他把那本書的文字寫了出來——書中的文字仍極清晰可辨，不致互相混淆的——那末，別人聽去，一定不會懂得的．更有一層特別的原因是：說話的人要是所說的話也是如那古書中所用的簡單的文字和那簡單的文法，那末聽話的人，也一定不會懂得的；所以紀元後數百年間（確實的年代，現已無從考定），口語上不得不採用了許多新方法，使語意更爲清楚，更爲切實，因爲從前有許多字音旣經廢棄，字音相同而不可辨別者極多，聽的人自然不能領悟了，所以下述這種情形，便逐漸發生了．字彙中增進了許多複合字 (compound words)，常用來替代單獨的字．語言中因此就得着一個大進步，對於事物的表現，其意義更爲明顯了．

譬如從前祇能够說一個 '見' (kien)，現在他們卻歡喜說 '看見' (k'an-kien)，把兩個意義相同的字聯住在一起了．從前祇說 '意' (i)字，現在卻說 '意思' (i-sï)

了·而且在文法上又添了不少的新成分，他們從前說'七人'(現在音讀 t'si jên)，如今卻說'七個人'(t'si-ko-jên) 了；加上這'個'字，在文法上便是表明下邊連接的是個名詞，這種名詞是代表各個單獨的現象的·又比如從前說'一石'(今音 i shï)，現在卻說'一個石頭'(i-ko shï-t'ou)了，'頭'字本義爲'首端'之意，此處轉變爲一語尾字，表明堅硬之物·我在這里不願詳舉文法上的各樣用法，總之，這類用法都是因爲有些語音廢棄之後，用來補足口語上所感到的意義不明之缺點的·更明白些說，在紀元後一千年的末期，語言上已經有了很多的複合字了(這是可以從字彙中考查出來的)·這些複合字在紀元前時代，祇有許多單獨字來表達的，而其在文法上所添的花樣，更是語言上所沒有的·同時，各地的方言也派別分歧，枝節叢生，這種影響，自然亦波及於語言的結構，所以文法上的助語詞，在中國各種方言裏，常常各處不同·不過它們也各有相似之點，就是在字彙上文法上，都各自發展出許多新奇的現象·

復次，中國文字在語言上發生了許多特別的現象，這也是中國文字所獨具的特性，假如中國文字原來是字母的拼音文字，是以口語爲根據，或記錄口語的，那末，它的發展祇有擇這兩條去路的一條：其一，是繼續把從前許多世紀以來的拼音字來紀錄他祖先的口語，並且文法上也依着這種傳統的古語，其結果那種文字在若干年後，便成爲古典的文言，與口語異趨，正如印度古代的梵語，到如今已經分化成許多不同的語言，但現在印人卻仍舊寫梵文的，又如意大利人，曾經也有許多年代繼續寫拉丁文的．又一條路，卽使在文言當中，也可以在字彙和文法上改變一下，以表示他們口語的變遷，正如英吉利文學裏因口語的變遷，漸漸把古代英文裏語詞和文法去掉，而採取近代的英語了．但是這兩條路中國都不能走，因爲中國文字是意符，在某些關係上，便入於另外許多途徑去了．卽以這種文字的本身而論，文言的演進也可以隨着口語的發展——這話並不是說文字的音讀，乃是說字彙和文法上的關係，可是，中國仍是沒有這種趨向，比如以前口語祇說‘一石’（原來的字音如何姑不論），後來卻說‘一個石頭’，(i-ko shï-tʻou)，而在文言裏也沒有寫着‘一個石頭’的．實際上這類口語應用於文字上的，祇有極少數的文藝作品中間遇到，那便是小說平語之類的通俗文，以及一些戲曲文學；中國人卻只認這些文學爲無價值的消遣品罷了·其他最大部分的著作中，一般文章之士，仍刻意飾辭鍊句，以期較口語更爲雅潔，文法上也一味摹擬周秦，不求變化·像這樣的文章，如果把它當做口語來說，自然要引起誤會的，可是他們看起文章來，卻絕不有什麽困難發生，因爲這種文字旣已成爲表意的，所以看書的人必不致於誤解了·在北京話裏，如果有人說一個‘i-’音的字，你絕對不能分辨得出他所說的是‘衣’或‘揖’或‘一’或其他 i-音的字，要是他的意思是‘衣’，他一定須說‘i-shang’（衣裳），纔能明白，然而如果在文字上，則所謂 i-者，儼然是個‘衣’字決不會看成‘揖’(i-)或‘一’(i-)的·由此觀之，中國文字，雖然不能如梵文一樣用來紀錄古代的語言可以保存古語的形式與拼音的，但仍舊可用古語的簡字以及同樣的文法·總括一句說，中國的文字能寫古語爲文言，不過所寫出來的古語，祇能在紙上看，不能說做口語，讓耳去聽，連那班做文章的人也不懂古語的讀法，因爲古音久已失亡了·又所做的文章，要是用他自己的方音高聲誦讀，旁人同時也不用眼看，決不易懂得的，這是因爲內中單獨的字音同義異者過多的原故。

中國的古語何以能保存至今呢？那自然由於中國傳統勢力之大。儒家的文獻有遠至紀元前二千年前以至紀元前五六百年之間的，爲孔子集其大成，中國歷代視爲經典，備極尊崇，其情形與歐洲的聖經 (Bible) 實相伯仲，當時（卽春秋戰國之世，紀元前四五百年間）諸子百家輩出，道家亦盛於此時，至紀元前百年間，有司馬遷之史記出，爲中國史學中記傳體之楷模，後人研習之者甚多。有了這許多古典文學，古代的語法詞句，包含在內，後世的文書載籍也自然而然奉之爲標準了。

這許多文獻中所載的古語，體式簡潔，不但便於應用，行文敏捷，而且對於讀者所感之印象，雅素而有力，中國文章之士覃思極精以倣傚之。

我們現在已明白中國爲什麼有這樣特別的文言和現代的口語這樣的紛歧；同是一種古代語，爲什麼和印度的梵文，歐洲的拉丁文完全不同，因爲中國文字是一種習慣上的表意字，祇能適用於眼看，一究其古代的音讀，則人皆茫然不知，泰然不問，不管是非，大家都祇用着自己的方言去讀就是了．這種辦法，我們很難說它有什麼價値，因爲文學上的句子要這樣的誦讀，聽者仍然是不能知其意義的．許多世紀以來，文言和口語各自獨立，分道揚鑣，到如今大部分的印刷品，不單是書籍，卽報章，雜誌，官書，公文等還是應用這特殊的文言．不過這種古語的深淺的程度，卻各有不同，須視其所用之文字與文法而異，有的文體，比較上是接近於口語，但大部分仍是和口語隔離得很遠，與歐洲諸國的語文一致比較起來，更有獨立的性質．

文字與語言二者，假如成兩個平行的獨立發展的趨勢，在實際上自然不能不互相影響的，因此之故，二者在變遷的過程中所發生的關係，至爲重大．現在我們要注意到這個關係所引起的特別的現象了．

我們首先看一看口語對於文言的影響如何．在紀元前時代口語和文言尙未彼此分歧入於彼此獨立的並行趨向，正如我們上文所說，那時文學上的詞類自然是和談話上一樣的．但是言語是活的，絕不會停住不動，舊的語詞逐漸廢棄，新的語詞日形滋長，新陳代謝不已．這話也許語言學家是不贊同的，他曉得語詞這東西，除非是純粹從外國語上借來的，除非是新起的俚俗字專為替代舊語詞的（所替代的舊語詞，也有因別的機會還存在的），終不會消滅得形影俱無，因為新起的語詞常常為舊語詞的同源異脈的變體字或因方音的紛歧，由舊語詞轉化而成的，不過在口語上的表現不是本來的面目罷了·他又曉得文字不是輕易便會消滅的，你如果在向素不經心，不常注意的地方仔細爬梳探索，儘有它們存在的處所·但是，普通一般說話的人和寫作的人未必個個是語言學者，表面上的觀察終以為新增的語詞，是不絕的憑空發生而融入於語言之中，舊有的語詞多被廢棄而屏逐於語言之外·歐洲語言凡是應用於某個時代的文學裏，終有那個時代特別的詞類反照出來·例如十七世紀的英語中，有些語詞是當時很流行的，但是到如今已經有許多不適用於現代的英語了，要是用進去，恐怕就會發生笑話，中國語言卻完全不是這回事·譬如某個語詞曾經一度被某部傑作所採用，因中國文人很喜歡摹倣它，於是這個語詞便成為不朽之物，永遠流行·凡是最好的古書，文人學士都須得背誦，一代如一代，日積月累，那般文人學士的意識中，滿堆着珠玉般的字彙·新進的作者，在他的文章中總喜歡應用周秦時代的語詞，愈古則愈雅，駸駸以摹擬周秦之文章爲能事；不得已時，也間或羼進一些後代的語詞．所以中國的文書古籍，眞是一個極宏富的堆棧，一經收納進去，便永久的保存着爲後世之用，絕沒有廢棄而不適用的，而新添的材料，則反而成爲一種障礙了．

我們要是追求中國文言發展的程序，我們可以發見許多原始字（非複合字），到了耶穌紀元前後的時代，增進至最高率．紀元前二百年時，大約不過千數左右的單字——大都爲一半表意，一半表音的形聲字——到了這時，卻驟然增加了幾倍．古文獻的頭上，就從此戴着一個神聖的圓光，無人敢超過這圓度以外——就是說不敢越出彼時字彙的範圍．新字的創作，便停頓不前．文書上新的結構，也不過本原來的古文字，加以新的聯合罷了．有許多俗詞俚語，在近今口語上應用的，就沒有相當的文字來代表了．固然也有許多字是應實際之需要而起的，然而大都叫它做‘俗字’，在稍稍嚴正的文章中，作者是不敢或不願使用它的．

研究原始語言的起源的問題，實在給語言學者莫大的困難．在耶穌紀元前後期間，有許多新字發生，將原始字掩沒了．現在最大的中國字書中約有五萬字之多，其中大部分是由古字演變而來的，據一本中歐字典(Chinese-European Dictionary)中所統計，其中所含中國文獻中最重要的字，至少有一萬二千至一萬四千個不同的原始字．我們對於這些古字，雖然不能知道它們原來的正確的讀音，但是上文已經說過，我們有很好的理由來推定，自現在古籍中的文字考之，中國語詞原來是單音制的，它的本身的能量，不能容納語首和語尾的變化．然則，如之何我們纔可以把這大批的中國文字的原始語詞辨明出來呢？自然，有許多是早已在初民時代原來就有了的，不過後來纔用一個文字的符號來表示．而有一小部分，也許是從毗隣的民族或被征服的部落中借得來的．但是，那大部分的純然的義同而形異的字，顯然是互相獨立的原始語詞了．

這許多原始語詞加上文字符號的原因，其一部分的確由於各種意義不絕的變遷及在語言中所發生意義的特殊化．現在假定中國古語裏有四個這樣的語詞'還','環','鬟','寰',這四個字的發音，我們現在姑且讀爲$\gamma^{w}an$ ，而意義則完全各別，可知造字者原來的意思，一定是以這四個字爲獨立不相同的字，所以纔在'睘'字上加上偏旁'宀''辵''玉''髟'之屬，以示其意義之各別•

據此，我們可以明白造字者之所以在幾個意義不同的字中而皆插一個同樣的因素'睘'以表示它們彼此確有語原上的關係(etymological connection)，加上'辵''玉''髟''宀',諸表意符號，原來是殊狀其個別的意義的•其語根'睘'(ɣʷan)字的本義，乃是代表一個'循環圓轉'之物，從這一個字推繹下去，經歷若干時期，便演變而爲種種不同的觀念，於是有'還''鬟','環','寰'諸字的產生•至於恰與此相反的例，便是他們完全不採用這種關係，而以絕對不同的形式表示出來，如'集'字(北京音讀爲tsi,古音讀dzʻi̯əp)與'輯'字(北京音讀tsi,古音讀dzʻi̯əp),從語原學的立場說，這兩個字的意義是一樣的，但中國人卻向來認它們是兩個獨立不同的字•所以語原學家若是照我在上邊所說的把中國原始字歸納出來，以得一個合理眞實的數目，權度其何者爲音同而義異，何者爲音同義同而形異的，那實是一件很困難的工作•我們現在祇就上例諸字之同類的現象而解釋之——這不過是同一問題的另一方面罷了——我們怎樣纔能研求得到這許多形音完全不同而所代表的觀念相同的字，換句話說，就是如何纔能得到這許多同一意義的雙關字——這種字在別種語言中是極少的．這兒姑且引一個例來說：其一，例如‘寰’字(γʷan)——這里所注的是古音——其義爲‘宮牆’，而在語原學上的解釋，本與‘回轉’之‘還’(γʷan)字相通的；其二，‘屛’(bʻieng)字（義爲‘圍牆’）與‘骿’(biʻeng)字（排列的意義，演而爲柵欄裏的水椿），的確是相同的字；其三，如‘垣’(ji̯ʷɐn)字，義爲‘低牆’也，與‘園’(jʷi̯ɐn)字的本義也是相同的；其四，‘郭’(kuâk，城外城也）與‘槨’(kuâk，外棺也）字，原義皆可訓爲‘外套’；其五，‘堡’(pâu，壁壘也）與‘保’(pâu，維護也）與‘褓’(pâu，小兒衣被也，其原義均爲‘保護’——由上舉諸例觀之，我們很容易明白如何求得這種顯著的同一觀念的原始字．這許多原始字，必要文化進步之後，言語上經過一長時間的發展，使語詞意義分化與特殊化，纔能發生的，這在中國是實在的情形．

假使口語一代一代的能影響於文字，不斷的供給許多新的原始字，一方面舊有的原始字，也繼續存在着，繼續應用着，結果，字彙中層出不窮的增加許多同義字；同時文言也就影響於口語，使發生奇異的狀態，西方語言上，就是有這種情形．西方人平常說話之際，大家依着一種普通的標準語．所謂標準語者，是一種有規則的文語（written medium），而循着方言上進行的．舉凡文書載藉——尤其是報紙上的話，爲一般民衆所常閱覽的，他們讀了之後，心中所能記識的字，一天一天的增加，而那些書報上的話，也並不是屬於任何地方的方言，乃是學術上的用語或抽象語詞，以及與方言中日常應用的同義字．譬如有人說‘lasses’（情女），‘lads’（情郎）這兩個字，說時，他一定知道與這兩個字相同的形式，有‘girls’(女兒)和‘boys’(男兒)，或說‘tells’（山邱）和‘burns’（溪澗）時，也知道與這兩個字相同的形式爲‘hills’（小山）和‘brooks’（溪流）．他雖然不喜歡用後面的兩個字，可是他是知道這兩個字的，如果他以前面的兩個字比較自然，就完全應用這兩個字，恐怕別人不會懂得他的意思，所以在某種情形時，必須要應用後面的兩個字．但是他所得到的這類新字，原來是取於別種方言與別種方言的音韻外表．須知西洋的文語，西洋的標準語，不過是在通都大邑的地方——大多係京畿一帶——所流行的方言，把它照着記錄下來，參加一些東西上去——其實就是這種方言的本身的活動的變化而已．然而，這種情形在中國卻是完全兩樣的，中國京畿一帶的口語，不消說是很漂亮的了，但是除了在官場中的人採用而外，一般文章之士，是絕對不曾採用的——關於此事，最近的反抗運動（即國語運動），我們將在下文再說．所以京畿內所流行的成語，很少以北京音的形式而靠了文學的勢力得通行於各種方言中的．我在上文曾說過，中國是有許多方言的，但這里所謂方言一個名辭，是不能取它最普通的涵義，不能以含有地方性的語言與在教育上所用語文的形式相反的來解釋．中國的方言都是獨立的互相發展的成語，在中國語言學上自成單位，正如古希臘方言中之亞的加(Attic)多利亞(Doric)愛奧尼(Ionian)等語．所以沒有一種方言可以囊括或支配其他的方言而博得文學上最高的地位的．至於文言，在中國本來就是古語，祇能寫在紙上看，不是耳官裏聽的．文言對於各種成語或方言（此所謂方言，乃是照我上邊解釋的意義）所給與的影響，並不是由於耳官的作用；方言中所借得文言的語詞，就以當地方言的發音形式誦讀之，不過這種結果是由書本直接遞給操當地方言的人罷了．這層，是由於中國從古代到了二十世紀之初，歷代教育的情形有以致之．原來中國的初等教育，多是在一般極簡單狹陋的村塾中，如要造就高深的學問，則衹有獨自孜孜，守着黃卷青燈，或者私家自行延請本地的學究來教導．此外還有一層原因，便是從前帝制時代，朝廷開科選考，衹以文章取士．因此之故，民衆教育制度不能實現，各地的學生不能集中於一個區域，通都大邑的語音也無從發展分佈；加之各地教育宗旨，散漫無系統，師弟相傳，自成家法，彼此所用的語言，完全籠罩於一個特殊的方言之下．就是誦讀最古的經書，也是這樣；不管經書裏的字音是否仍適合於平時方言的音讀，都得各人本着各人的方音去讀——這種表意字是不能容許別種發音的形式去誦讀的——而一般士子對於所誦書本裏的字音，在國內別的地方又是如何讀法呢，一點也不去考查．假如在古書中遇着了疑難的音讀，就是他自己方音久已失用了的字——這自然是常有的事——他們絕不去研究，以求此等字在北京音或廣東音等是如何讀法的·這是因爲沒有權威的標準字音；不得已思其次，他們祇是尋求文字的幫助，去查字書·在舊字典中，你可以查看，各字都是依照部首（意符）以及筆畫的多寡排列出來·比如 x 字，你現在不知道它的音義如何，字典告訴你說它的音讀如 a 字·而這個 a 字的音，卻是你自己方言中最流行的，那末，你便得到這個新字的音讀了·舉一個實例來說：在古語裏有一個是代表'說話'這個觀念的'曰'字，此字現今已不用，但在中國北部卻轉變而爲'說'(北京音 shuo) 字·學者若見到'曰'字，便可以查得着是讀如'越'字的音（越，過度之意），而'越'字在現今的各種方言中是很流行的·'越' 北京音讀 yüe，所以北京人也就讀'曰' 爲 yüe·廣東音讀'越'爲ǖt，所以'曰' 字之音讀爲ǖt。上海音讀'越' 爲 iö，所以讀'曰' 也是 iö·總括一句，這小小範圍的二三千初期的原始字，從古代猶得流傳於今日各方言中者，乃是各地方的文人都以'字音釋字音'的原則，建設了一個全部音讀的系統·x 讀爲 a，y 讀爲 b，z 讀爲 c 等等·這樣一來，使語言學者對於中國語言的研究材料倍增，一方面他要研究現今口語上文字的音讀，如‘商’字，北京音讀 shang，山西音讀 sā，廣東音讀 shǒng，這些不同的音讀，都是現在流行的．他方面又須研究古書中的許多死文字，方可以正確的求得同値的字音 (sound equivalents)，如‘觴’字，北京音讀 shang, 山西音讀 sā. 廣東音讀 shǒng, 像這類的字，口語中已不通行，祇見於載籍上．這種同値字音的規則的形成，乃由各地方的學子，誦習古書中的死文字，不知其字音，乃去查普通的字書，字書裏是載着‘觴’讀如‘商’的．但這里我還須把前面提及過的一二個論點，再行申述一下．

假使舊籍裏文字原來的音讀，現在雖然在方言中已經失掉了，而教師和學者還能從古文獻或字書中把它們確定出來，那末，此事便早已成問題了．蓋紀元後六世紀之前，韻書未十分流行，古書的音讀，歷來皆由庠序中師傅教其弟子，弟子承習其師之音讀(大多是背誦的)罷了；因爲我已經說過，從手寫的文字裏，是根本不能得到音讀的，但是，又因爲中國文字的性質是沒有保持語音的力量，所以不足以保持古音．在當時流行的音讀中，這些古音因變遷的結果，便於不知不覺之間逐漸退而爲落伍的語音・例如通常字音中，有一個最普通的發音形式——-i̯an, 如 ki̯an, li̯an, mi̯an 等，於是 a 音漸漸地受 i（i- 音變）音的影響，而轉變爲 ä 音——這種很隱微的音變，便在說話人的意識之外潛伏着進行的，世代相傳，久而久之，便由 ki̯an 轉變而爲 ki̯ᵃ/an,然後變爲 ki̯än ——於是乎教師與學者都無意義的把 ki̯an, li̯an, mi̯an 這類發音的形式忽略過去，文言上的音讀與口語便從此漸漸地分岐，他們高聲朗誦古書時，也就把 ki̯an 等發音的形式變而爲當時流行的音讀 ki̯än 等了・因爲中國文字的發音，原來就沒有標音的字母以限制時間上語音變遷的緩流，也無法以强記這般字的發音從前是讀爲 ki̯an 等等的・及至第六世紀，韻書出現之時，纔成立保留當時所流行的字音的方法；但是當時已經不通用了的文字，他們所建立的讀法並非依據古音，而可說是用六世紀的方法來考讀以前的語音的・

其次須申述之點，在中國大多數的方言中，卽如官話與廣東話，口語和文言的音讀並沒有多大的區別（除出隱僻字以外）・可是，在東南一帶，有幾種方言中，卻有許多字具有兩種讀音——口語的，文言的・例如上海方言便是。又如汕頭（南海沿岸）方言中，許多字還有三種音讀的（不過大多數都祇有一種發音的形式）。方音中這種奇特的習慣，幾卜生 (Gibson) ❶ 曾有一段精彩的話，說："汕頭方言中，除了本地的土音而外，念書時還有兩種不同的音讀，一種是常用着讀經書的，……此外別無用處，這叫做'經音' (Chiaⁿ-im)，……學者背誦經傳皆用此音。在學校中誦讀經文時，也用這個音讀，但講解經文時，則又用別的音讀了，另一種做叫'白音'(peh-im)或普通音，講經以前念講時以及念通常的書籍信札，論文，告示及公文之類的文章，便用這'白音'。……關於這三種——土音的，經音的，白音的——發音的形式，我們不難於字句間尋得其例。如'大學'一個仂語(1)在土音當讀爲 Toa-oh, (2)經音則當讀爲 Tai-hak, (3)白音則當讀爲 Ta-hiok"。

在這類方言中，誦讀古書要用這樣特別的音，我們決不能因此便推測這是因學者之保守性，將古代的音讀保存下來的代表，如得格洛特(De Groot) 氏所極力主張

❶John Gibson, A Swatow Index to the Syllabic Dictionary of Chinese by S. Wells Williams……1886, p. 6.

者·大概言之，這種音讀，不過代表與官話接近一點（所以口語的發音，常較近古）·照這麼說，我們普通所公認的，在中國從沒有一種方言因文言的勢力而影響於他種方言的，這說不是與剛纔所說的相反麼·但是這個例外，卻不足以打破"中國的各種方言或即文言都各有其發音的獨立性，它們的音系是互相歧異，各不相干"的一個通則·

如今在中國學問的舊領域中，文言還可以施展很大的勢力於一般受有教育者的口語中·成千累萬的單字和成語，從文言中直接應用於口語，在高等社會或教育界極其流行，應用愈多，則愈有文質彬彬的風度·這一層——我們很感謝這件事實——使我們可以見到許多奇特的情形·如今在瑞典的全部或大部的方言中，有些古字仍舊存在着（其所表現的形式，乃由於這些方言的發音規律所形成的結果）但，為數也不過千數而已；而在中國則有幾千以上的這類字，在各處方言中都是義同而異讀，而且各字依據於極嚴格的語音規律，在發音上恆相極端的符合·這大批的字各處都很流行，而從古代文獻中轉入於曾受教育者之口語的，差不多佔極大的百分率；尤其是在復合字，習語以及文學化的成語上爲最多。這許多字中，其音值相同的，俱有極端的類似。我剛纔說過，乃是依據它們從文書載籍中轉入口語時所取的特殊的路徑。從事實而論，偌大個文言的字彙，都是本了這條路徑，極强的影響於各種方言上的音讀，不過各方言則仍根據於各自的音律而已。

因此，中國沒有一種標準的國語，每個方言的地帶，都各自有其中心語，而每一種都各有其文化的專門的術語，本着各自的語音狀態來說，毫不受他種的影響。還有許多雅緻的俗語，如古代希臘的亞的加，多利亞，愛奥尼諸地方言一樣，起初不過僅屬於一小地方的土語罷了，後來逐漸擴大，又直接從古代所遺的文獻中移殖了許多嘉言麗句，便成爲一種很豐富的精雅的語言，而且都各自保持着自己的語音系統，更極力採用新文化的複合字（這是摹倣西洋的形式的），而仍各以其方言讀之。例如：'博聞'(po-wên)一詞，在文獻中其義爲'見識廣遠'之意，但將這兩字分開來，則一爲'博，廣寬也'，一爲'聞，聽也'，兩個都是純然的古字，在日常口語中是不用的（在官話裏不說'博'，祇說'寬'

kuang, 不說'聞'，祇說'聽' t'ing)．然而，'博聞'這兩個連合而成一複合字時，遍中國的曾受教育者的口語中，沒有一個地方是不通行的，北京讀爲 po-wên, 山西太原讀爲 pă-wêng, 廣東讀爲 pok-măn, 等．同樣的現代新鑄的'解剖學'一字，北京音爲 kie-p'ou-hüe，廣東音讀爲 ka-p'au-hok．

現在我們已經說明中國語與歐西語情形相反的原因，已知中國語很早的就變爲單音制，無形態學上的關係了．因語言上這種單純的狀態，以致形成中國文字的特性，文字旣具着這種特性，因而又形成這種與口語完全異趣的文言，祇可以適用於視官的．然而，這種人爲的獨立性，卻可以使極古的字層出不窮的變成新的材料，宛如一種自然的語言一樣．而這種文言與口語的混合，最後在近今中國各處的方言中，也就起了不少的影響．

第四章

中國語言文字的特性，前章已詳細論列之，就是中國人誦習古書的時候，讀者對於該書著作時原來應當如何讀法，並不過問；這事實的本身也許有利也有弊．在普通一般人看來，他們讀古書，祇是依着現今自己的方音，不管什麼千年前各時代的音讀，這是多麼方便哩．假如中國原來有一種拚音文字，可以記載歷代不同的音讀，那末，他們便須勉強要知道各個字歷代的聲音形式上的演變，而今他們祇要把現在的字音學習一遍，至多也不過把北京的音讀再學一下．各字在過去歷代怎樣的讀法，一切都不管了．實際的語言學者，總覺得中國的語言研究，比較其他各國的語言，大有獨立的性質；因爲這原因，所以支那學者（Sinologist），盡量的把語言分析的研究，從純粹的辭典學（lexicography）上分離開來．中國學者亦有許多訓詁學家音韻學家考據家．

自十二世紀以來，中國學術界因古詩上所用的韻，後人讀之不復協適，致引起爭論；隨後學者便知道語言的音讀，是漸漸的變遷的．而古音的研究，也隨之而起，尤其在十六七兩世紀，學者輩出，羣相從事於考證古音的系統，惜其方法遲鈍耳．他們不能確切的認定問題之所在，又缺乏運用材料之能力；這點下文卽將論及，他們對於各問題的研究不能不認爲失敗了．

大約二十年以前，西洋學者對於這個問題，除了少數的例外，向來不曾專心研究過，這實在是不可解的．卽使我們閉着眼不去管語音研究的本身，然而語言學的範圍的廣大，工作的重要，對於支那學全部的學問，總是一種基本的智識，與他種文獻學相較，其重要有過之無不及，卽在歷史家也絕不能忽視的．中國史前的探討，假如沒有語言學的幫助，也不能確定其眞實性的．就是有史以後的史實問題，歷史家如果沒有語言學的助力，亦必不能解決．時在今日，此學之重要不特對於中國歷史是這樣，就是研究東方及中央亞細亞的古史，其材料還有極重大的部分在中國文獻裏蘊藏着．其中關於中華民族與異族交涉的記載，至爲宏富，可資探討．從前有許多由中國字音譯成外國的國名地名人名神名等，須得與原名相對照的，如果我們不能有中國古音的知識，亦是萬萬不行的・如今在約但斯 (Jordanes) 氏書中，有許多北歐的名物字，曾經發生很多有趣的解釋・要是那許多名物字，那時不用音標文字來記載，而用無語音價值的象形字來記載，則他對於歐洲古史上的貢獻就很少了・這層在中國卻是極相類的事・這里有很好的例，足見古音對於譯音較現代音為正確，如佛陀之名，梵語為 Śākyamuni，古時中國譯音為‘釋迦文’，現在北京音卻讀為 ši-cia-wən，眞是太不相像了・幸而我們現在還可以知道當時的音讀——這層我在下文就要詳論的——知道這個譯音在第六世紀時是讀為 śi̯äk-ki̯a-mi̯uən，比較現代的音讀好得多了・

我們現在還不必遠涉及純粹的中國史事之外，我們因為沒有別的好方法・就用現代的北京音來讀四千年前的名物，我們必定承認有許多可笑的事，我們敢肯定的說——至少是上古的人名——那些讀音一定是與現代的北京音不同的・同理，在文學史上也是有這樣情形，假如我們用現代音吟誦一首古代的詩歌，不但是已經殘缺的，就是無論那一首決不會合韻，而詩歌中的音律美麗的風格，亦必盡行失掉・因爲一切古書不能以著書時原來的發音形式去讀，就須把音讀儘量的扭做別樣的形式，於是一切審美的欣賞的批評，都成爲不可能之事・即使大多數頑固的文獻學者，他們祇是潛心於書本的材料，也將一輩子要靠託語言學者的幫助・因爲，我們知道，上古中國的文獻都是沒有註明著作的確實年代的，而且中間復經過歷代種種厄運，所以考訂古書的眞僞，實爲支那學者所最感困難的問題；然而爲此問題，而借助於語言學，則尚少有人嘗試過，可是無論如何，只此纔是一個妥當的方法，我們在下面接着便來討論這個問題・

考訂中國語音歷代演化變遷之跡，是支那學中所不能不做的中心工作，我對於這項工作，也曾潛心的做過許多年了・努力的結果，也還有不少的創獲；我所採用的方法，將在下文簡略的論述一下；其餘大部分的工作，還須繼續的努力去幹・

我在上文曾說過，歷來中國的學者，大都是通常所謂文獻學者，並非純正的語言學家・所以在紀元後之數百年間，已經對於考據學，訓詁學，聲韻學有極深的造詣．當耶穌紀元之前，他們已成爲初步的眞正語言學者了；不過那時還祇是抱着實用的目的．

隨後文獻學逐漸發達，於是便感覺得實用字典的需要，於是採用兩種不同的編製方法，有些字典以文字之部首分類排比，有些則以韻部分類，而後者遂給予語言學者以莫大之便利．蓋中國文字既非拼音的字母，故字典的編製，不能如我們的一樣，可依字母之次序來排列，所以要另用別的方法．最初，編製者自己固然深明中國語詞的組織，所以他們編製韻書時，便把字音分解爲兩個音素，上半爲發聲，就是語首的僕音，下半爲收韻，就是元音以下的音素．如 kou 音，他們便把它分爲 k|ou, kang 音分爲 k|ang, kien 音分爲 k|ien, tsuân 音分爲 ts|uân, au 音則爲 |au (無發聲) 等等．這樣可以用二字之音相切成爲第三音，譬如'干'字讀爲 kân 音，'古'字讀爲 kuo 音，'寒'字讀爲 yân 音，現在將古寒兩個字連起來，取'古'字之發聲 k, 又取'寒'字之收韻 ân, 所得公式如下： k(uo)+(y)ân=kân, 便爲'干'字之音．這種方法，叫做'反切'．在古韻書中，我

們可以見得每個標字之下，都有這種反切的注音，如要尋'干'的音讀，便馬上可以知道其音爲'古寒切'．這種標音的古法，在我們現在看起來，不過如代數上許多同値的符號罷了．但如今我們實在不知道從前'古'與'寒'是如何讀法的(上邊 kuo 和 yân 的音，是我以別的方法歸納得來的)，而每個反切，都祇是一個公式'x=y 之首項+z 之末項'，然而這許多反切，卻是有很大的價值，因爲我們因此可以得一個固定的出發點．從他們同用，互用，遞用之處，可以證明古代製作韻書者的音讀，譬如：有某二十個字的首音發爲 y 的，有某三十五個字的收音是 z 音的，等等．

古時製作韻書者，確知當時 x, z 等的音價，所以他們很容易的把字音的分析，用系統的方法，排列在韻書裏．第一步依照樂音上的高低把字音分爲三類，如 kân⁻, kân′, kan‵ 即平上去三聲)，而第四類則爲入聲，爲前三者的短促音，便作爲 kât．於是凡字音之爲平聲者，便把它們歸爲一類而依韻來排列．所以有若干字收音爲 -ung，那末便把這類字歸爲一韻，有若干字的收音爲 -ång(å 爲 o 的開口音)者，則歸爲另一韻，

若干字的收音爲 -i ，則又合成另一韻，依此類推，而各韻之中，又把起音相同之字聚集在一起，如在 -ân 韻中'干'(kân)字之下，有'竿'(kân-)，'乾'(kân-)等字·'單'(tân-)字之下，有'丹'(tân-)等同音之字·像這樣的音韻部居的分類法，祇能適用於簡單純一的字音，是很明瞭的·

古韻書之有反切而以此排列字音者，在語言學上當以切韻一書爲最有價值·切韻刊行於紀元後六〇一年，其製作歷時頗久·書中所代表之音爲第六世紀時中國北方之音·其後此書佚亡，至二十世紀之初，始於中亞細亞發見其殘卷；但其韻部及反切，則多存於後之韻書中，這些書也是我們研究中國語言最有價值的材料·

切韻中的排列法給予我們以莫大的啓示·我剛纔在上面說過，我們因反切上同用互用遞用之處，可以確定切韻上有許多微異的收音，如 -âng, -ien, -uân,等等·現在我們來看切韻常常有幾個收音微異，歸併成一韻的·如 -âng 韻裏，便有 -âng 與 -ʷâng 兩個不同的收音；ung 韻裏，便有 -ung 與-i̯ung，它們當然是可以相叶的·復次，我們須知這幾個確鑿的音値(-âng, -ʷâng,

-ung,-i̯ung) ，都不是從韻書上求得的，乃是利用別種方法考出來的．雖然切韻韻部的分合，對於我們研究第六世紀的字音，實在給予我們許多有價值的提示；其字音蓋由發聲與收韻兩部合成．不過有時收韻這部分，除出主要的韻素以外，還包含著別的音素，即副元音(subordinate vowels)是也：

k(^{w})âng,　　k(i̯)ung

根據反切與古時韻書，我們現在可以考明古代中國語音韻的分類(指第六世紀的)，就是：某二十個字的起音，同是x音，某十五個字的收音，同是y音，某十二字的收音，同是z音，而收音之y和z諸音，其主要元音與收尾僕音，也是同一的，因爲韻書裏是將這些字歸爲一韻的．

此後，我們如再要進一步研究這些問題，更可以從比較晚近的時代中，得到許多可貴的材料．

我在上文曾經說過，中國語音，據近今各種方言看來，有極端貧乏的現象，乃是由於歷來語音喪失和趨於單純的結果，即在第六世紀時，已深入於此種情形中；然據切韻中所載之音韻部類，還可見得彼時語音之聲韻，較之現時任何方言中所有的實在豐富得多．但是這種單純化的過程，卻是很迂緩的，所以至第十一世紀時音韻學家費了九牛二虎之力，纔於依據第六世紀較繁富的音系之韻書中，尋出一條途徑．當時以查字困難，乃想着十一世紀之語言，把第六世紀的韻書，重新編製，而另外造出一個系統的注音方法．那時著名的音韻家又政治家司馬光——原是一個古代皇室的後裔——依皇帝的詔諭，著切韻指掌圖，此書一出，風行於後世．一七一六年時所印行之御製康熙字典，其卷首所載之等韻表，即本此而成，因此遂普遍於中國學界，等韻表中列有許多不同的音綴，即司馬氏當時之語言所具有者．茲舉其中一表以為例：

					8	7	6	5	4	3	2	1	
古韻	m	b'	p'	p	n	d'	t'	t	ng	g'	k	k	
寒								單			看	干	ân-9
旱												笴	ân' 10
翰												旰	ân` 11
曷						達						葛	ât 12

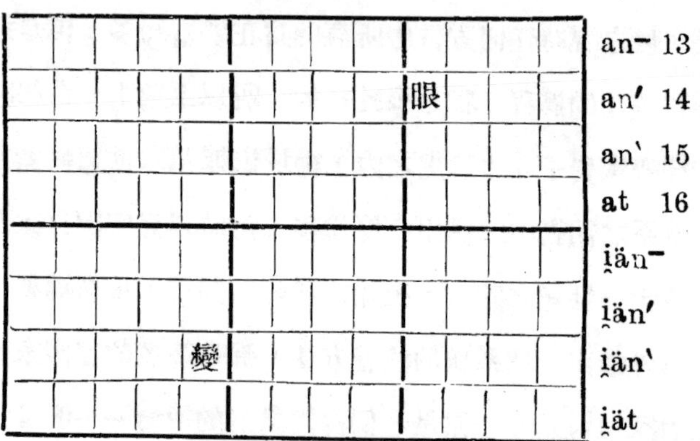

上圖中每一直行的字都是同一發聲，每一橫行的字，都是十一世紀時同一的收韻，表中的空格，是我沒有把指掌圖中的字全數填入，祇舉其數字爲例．其中無論那一個音綴，都由一個發聲與一個收韻相拼而成，都是司馬氏當時語言中實在的字音，而各填入於表中橫直兩行相交處（如當時有幾個同音之字，則祇填一字）．從上所舉例中，據此法而求得之字音，如古'眼'讀如ngan′, '達'讀如d'ât, '變'讀如pi̯än`, 其左端則爲切韻韻目，凡是某個收韻的字，都是歸於某個韻目之下．自第六世紀至十一世紀之間，中國語音之單純化，已經使從前本不相同的韻，亦變爲相同了，故表中左端一行裏，常有兩個或兩個以上的韻目．表中直列各項是依照

發聲的類似來排列的：如舌根音之 k‘-, k-, g‘-, ng- 成為一類，舌頭音之之 t-, t‘-, d‘-, n- 成為一類，等等，橫列各行是依照收韻的類似來排列的，所以每一橫格中的字，都是同一收韻，不過音調有所不同罷了（-ât 為入聲，可認為-ân, -ân′, -ân‵的短音）．其餘同在此表式中之字．亦是彼此收韻很密切相近的，而每一小方格中所舉出的字，是代表這小方格的發聲與收韻所拼合成的音，我在上文已說過了．

這里我還須申述一下，表中上邊與右邊所標明的注音，是我用別的方法考證得來的．此項注音，自然不見於司馬氏切韻指掌圖中，指掌圖中原祇有許多填入小方格裏的字，以及左邊的各項韻目，蓋為司馬氏依據當時語言的一種系統編製而成，可是祇限於一地的方音．表中各行，我們如果統統把它的注音填寫出來，也是可能的事．但須得利用別的材料方可．我們很感謝切韻指掌圖一書，因為我們本此書而研究那時音韻，比較從反切韻書所得為尤多，因為韻書上的反切是沒有系統的排列的． 我們知道上圖頂格所列之發聲 1,2,3,4 在語音上是自成一組——卽都是屬於舌根音的；5, 6, 7, 8 又自成一組——都屬於舌頭音的．我們更可以知道，其中：

1 對 5

如 2 " 6

如 3 " 7,等等

假如我們能證明 1 是 k-, 2 是 k'-, 3 是 g'-, 那麼，我們便可確知 5 爲 t-, 6 爲 t'-, 7 爲 d'-．又再來看，我們知道 9,10,11,12, 除聲調不同而外，收韻的音都是一致的．假如 9 爲 -ân, 其除則爲 -ân', -ân`, -ât, 依此類推，則 13,14,15,16 亦然．我們又知道在表中9,10,11,12 爲一組，其他 13,14,15,16 又爲一組．它們既然同列入一表，則語音上必有密切的關係．換句話說，我們現在已經得到一個要點了，就是許多字在古語上所歸入的韻類是如此其正確，則從參酌他種材料所得來的具體的音值，其結果，從某點而論，必然絕對的可靠，推而論之，更可以應用於全盤的中國字音上去．

然則，究竟是何種材料可以給我們具體的音值，而且可以符合於司馬氏指掌圖中各行的字音呢？這點，我們似乎可以從古代到中國的歐洲遊歷家的紀載中得些可貴的啓示吧．如十三世紀時威尼斯商人馬哥孛羅 (Marco

Polo）到東方來旅行，在汗八里——即現在之北京，爲元帝忽必烈所重用，任以顯職，其後，著遊記一書以其所見所聞——其中有人名物名等——筆之於書，不過那書中的名物字，並不是根據一定的方法翻譯而來的，所以給與我們的幫助很少·至於十七世紀之初期耶穌教士的著作，材料雖多，然而，究竟對於我們研究以前的語音，無多大的價值·

其能眞正給與我們以最大的助力者，祇有兩種：其一，爲現今中國各地的方言，這可算是我們材料的泉源；其二，爲古代中國語之在國內或國外的種種反照的遺跡·

我們知道中國有兩條大河流域，一是北方之黃河，一是中部的揚子江·這兩條河都發源於西部高原，由重山峻嶺，蜿蜒而出，其中流則爲大平原·這大平原又與南部沿海一帶，界以綿延不斷的山脈·從北方直抵揚子江的所謂中原一帶與接近揚子江的江左諸省，其間流行的口語，大概都是統一的，通稱之爲‘官話’·其實這種官話是混雜着許多大同小異的方言而成·這些方言，彼此之間，如果不稍加練習，說來是不易懂得的·在北方的山西一省，境內多山，其所表現此種特性，尤爲顯著·關於此省全境方言的統計，現在尙付闕如，但其中有許多種方言，我已經做了一番研究的工夫（參看我的Études sur la Phonologie Chinoise中國音韻論·）它們對於言語學上的價值，較之其他官話區域內的方言，尤爲重大·官話中最流行的口語，當推北京語，歐洲人所著許多字典，都是根據這種方音的·

至於中國南部及東南諸省，則因爲如上所述有許多山脈把它們間隔，故其語言與其他諸省的演化大相逕庭·從許多方面觀察，它們較之官話的語音，更爲近古，故對於語言學者有莫大之價値，而且它們彼此之間又各不相同，自成系統，它們互相歧視，正如它們的歧視官話一樣·但總括起來，約略可分爲三系·關於這三系語音的研究，現在已有許多好的字典，將其中互相獨立的兩種或三種方言詳細分列出來了·

我在上文曾提及的第二種材料，乃是古代中國語之在國內的或國外的種種反照·

那末，我們首先須注意中國古文獻中關於印度及中亞細亞許多語詞的譯文·這些譯文都是由外國文字迻譯爲中文的，由此，我們可以從中研究當時譯文是如何的讀法·反轉來，還有許多中國的語詞，是用中亞細亞各古文獻中的拼音文字翻譯，也是極可珍貴的材料·現在我們若是要根據這些譯文，建設一個中國古代全盤的譯音系統，固然是很難的事·可是，無論如何，它們總是一個很好的考金石，可以用來校正由其他方法所求得的正確的結果·

除上所提及之材料而外，其尤重要者，則爲某幾種外國語中從古代中國語中所借入的大批的中國字·須知中國自古爲文物之邦，爲東亞文化的策源地；如高麗，日本，安南諸國，其文化皆從出於中國，他們語言中借用了中國文字，何止千萬·日本語高麗語與中國語兩者根本關聯的所在，現在還尋不出什麼證據；至於安南語是否屬於中國語系，現在也無從研究·但是我剛纔說過，在歷史上，中國一大批的文字，曾分頭注入這幾個國度的語言中；猶之中世紀時，下日耳曼(Low German)文字之輸入斯干的那維亞諸國語言中一樣·這些成分在上所舉諸國語言之語彙中，各稱高麗譯音(Sino-Korean)，日本譯音(Sino-Japanese)，安南譯音(Sino-

Annamese)・

在這三種由中國語分化而成的外國語音中，語言學家最感興趣的，便是那些從中國語借入爲時已久，其間關係又復中斷，故此項字音保存在外國語裏，決不曾受過中國語音演變的影響・所以這種材料縱然受了那種外國語音法則的支配，多少有些兒變化，但其所給與我們的啓示，實至爲寶貴・

這三種譯音，比較不甚重要的，爲安南譯音，因爲這種譯音，不特發生的時代比較遲晚，至早當在九世紀；而且從安南文字的性質看來，我們很難定安南譯音裏那種現象是從當時中國語借來的・那種現象是依安南語本身而發展的・

比較上還是以高麗譯音，日本譯音最爲有用・這兩種譯音的發生，較安南譯音要早過幾世紀（高麗譯音在第六世紀，日本譯音在五——八世紀之間），而且日本與高麗在很早的時代，已經有了拼音文字，這層對於語言學者是很幸運的・他們的字音拼法，至今還沒有改變過・中國古語原來的音讀現象，在現在借入字的形式上，是辨認不出的，還須從書寫的形式去考察・例如：

中國古音 tieu 字，現在日本口語則讀 čō ，而其拼音，則爲 e-u；又如古音 kieu, 日本口語讀 kiō ，拼音則爲 ke-u ；中國古音 tieng 與 čiąng, 現在高麗語 ，二者都讀爲 čəng ，但前者的拼音則爲 tieng ，後者的拼音則爲 čieng ·

至於日本譯音，尤具有特別的價値者，則因它有兩種譯音·其一是自中國東南及南部的語言上借來的，所謂'吳音'是也（其時代爲五六世紀）；其二是自中國北部語言上借來的，所謂'漢音'是也（其時代爲七八兩世紀）·這兩種互相獨立的譯音，至可寶貴·我們祇要從這二者中任何一種音讀，得到了啓示，那麼，其他一種便可以作爲張本互相參證 · 而且二者還明白的顯示我們，近今中國方音的差異在千年以前便是如此了·試舉山西一省的方音而論，其發聲有爲 nd- ，bm- 的（如 ndi, ndu 等），而與其餘中國各地方音發聲爲 n-, m- 的 (ni, mu 等）恰恰不同，這話似乎與我在上文所說的（參閱上文頁一）中國語沒有僕音羣的一個通律有矛盾了，而其實不然，這不過表示鼻音 n 在鼻道轉入口音 i 中間預先的閉合即 i n(d) i 罷了·那末，無論何人總會想到這一定是個晚出的現象，因爲事實上日譯漢音——根據中國北方之古音——一律以 d- 替代中國音 n-（如北京音 nan，日譯漢音爲 dan 等），以 b- 替代中國音 m-（如北京音 mi, 日譯漢音爲 bi 等）．可是日譯吳音——根據於中國南方之古音——則不然，常爲 n- 和 m- 的音（如 nan ，mi 等）．由此從日本譯音中，我們可證明這種特殊的演變，爲 n->nd-，m->-mb-，在第七世紀時已經有了，而且如現在一樣，都祇限於中國北部（也許區域比較現在還要廣遠些）．

現在我們在古代史料中，一方面旣有了一個確實的出發點，從此我們知道當時那些字是在語音上相通的，那些字是在音韻上可以成爲一類的；他方面我們又可以舉出像上文這樣一個古音的公例，第一步看它在高麗譯音，日本譯音，安南譯音上有怎樣的反照，第二步再來探究這一類的字音在許多方言中表現出來的異同，然後本着中國古音部類，重新考訂其音讀，那不消說，比較有把握得多了．此項研究，當以十九世紀中葉英教士艾約瑟 (Joseph Edkins) 爲最早，其學說雖很有許多臆斷的地方，亦不無正確可取處．一八九八年荷蘭人紹克

(Schaank) 亦有重要的發現．至近二十餘年來，法蘭西學者伯希和 (Paul Pelliot) 及馬伯樂 (Henri Maspero)，關於中國古音系統的說明，有所假定，其中有很多新的重要的創獲．我對於這個問題，起初盡量的利用各種方言來做系統的論證，及後我和馬伯樂氏討論的結果（譯者按：馬伯樂有唐代長安的方音 Le Dialecte de Tch'ang-ngan soius les T'ang 一文，載於一九二〇年 B. E. F. E. O. 即巴黎遠東專門學校學報，其論文約分爲兩部：一爲論切韻的語音，一爲論唐代一時期內語言的變遷．高氏曾著有 Études sur la Phonologie Chinoise 一書，三大册，凡七百餘頁．高氏與馬氏辨難的話，曾經林語堂氏譯出，題爲答馬斯貝囉論切韻之音，載於北京大學國學季刊一卷，可以參考．）我曾修正了好幾點我對於古韻的解釋．並且我很感謝他的意見，我們因此對於第六世紀北方的語音，纔有了進一步的考訂，不過其中還有小部分的細節，須待商榷罷了．這里我將舉出我所採用的考證方法來做例子．

我們看，剛纔在上面所舉切韻指掌圖中直行，是每四行合爲一組，假如我們藉今代方音的助力，來研究行裏的字音，我們不難塡出每一組中的三個音。

m		pʻ	p	n		tʻ	t	ng		kʻ	k

再看這里有許多方言的語音，與之相合，列舉如左：

	難		灘	單	岸		看	干
北京音	nan		tʻan	tan	(an)		kʻan	kan
廣東音	nān		tʻan	tān	ngon		kʻon	kon
上海音	nä		tʻä	tä	ngö		kʻö	kö

上列由右至左的第三行，更覺得有趣。大部分中國方言，其發聲都是缺乏帶聲爆發音的（如 b-, d-, g-），其例外者，則如中國東部的方言，即上海音與日本吳音是也。我們試來考驗上海的方音，我們便可以知道，在切韻指掌圖第三行中所列的字音，在上海方音中一律讀爲 b-, d-, g-（或 dj-<g-），而在第一及第二行中所列的音，正與旁的地方一樣，是不帶樂音的，也是 k-, kʻ-, t-, tʻ-, p-, pʻ-。而且在日本吳音中，恰恰有指掌

圖第三行 b-, d- 的音，別行都沒有．這里我們舉出幾個例（諸例係採自其他韻部）：

	滿	伴	判	半	難	壇	灘	單	擬	技	起	几
上海音	me	be	pʻe	pe	nä	dä	tʻä	tä	nyi	dji	čʻi	či
日本吳音	man	ban	han	han	nan	dan	tan	tan	(gi)	gi	ki	ki
北京音	man	pan	pʻan	pan	nan	tʻan	tʻan	tan	(i)	či	čʻi	či

圖中所示指掌圖第三行中的字音，以及反切上這類字的拼法，古時發聲都是 b-, d-, g-, 等帶聲爆發音，可以絕無疑義了；而在大多數的方言中，這類字的發聲，其首音則都不帶 p-, pʻ-, t-, tʻ-, 等，此蓋由於中國語音逐漸演進與古音分離的結果，至今尙在中國東部卽上海方音與日本吳音中反照出來．百年前，曾有一位文法學者馬士曼 (Marshman) 以爲上海方音中 b, -d-, g- 的發聲，乃是中國語較古的一種遺跡，可惜他並沒有舉出理由，及至艾約瑟之說出 ， 纔證明上海方音中這類帶聲爆發音，確是淵源於古代語某一類與他類逈不相同的語音，其反切亦自有特別的拼法，正位於指掌圖的第三行．不

過還須補充一句，我曾指明古代的 b-, d-, g- 音乃是送氣的爆發音 b'-, d'-, g'-．

以上所舉，還是簡單的例．我們現在且再舉一例，將各項材料如反切，指掌圖，國外的方音，國內的現代方音以及古代的釋音，都聚集攏來，來求得一個正確的結果．

中國古語是富有 č 與 š 的音的．指掌圖中另外還有五行，艾約瑟曾以這樣的方法填列過：č-, č'-, ǰ-(dj-), š-, ž-（我們當把 ǰ- 改爲 ǰ'- 音），他們的音價，伯希和及馬伯樂二氏，在他們假定的系統中，亦曾採用過．但這里卻沒有說明這些音是否爲硬的中上齶音(cerebrals) tṣ-, t'ṣ-, ṣ- 等，如英語 'heartshaped' 之 rtsh 音，或軟的口蓋音 tś-, tś-', ś-, 如意大利語 'citta' 之 c 音．

我現在亦將此說做個出發點，來論列今代的方言．我從多種極不相同的方言中，發現 č-, č'-, ǰ'-, š- 的發聲，每個有兩種讀法，而與後面的元音，完全沒有關係．但在別種方言中，卻不如此．例如，山西極北的歸化州，便有一些字讀作 tsäu 的，有些字又讀作 tṣäu

的，這些在指掌圖中其發聲都同爲 č- ，而且同屬於一個韻部古韻(-i̯ə̯n)．又在中國南部廣東潮梅等處之客家語，其音與歸化很少相同．而在安南譯音中，我們考得也是一樣的不同．

鄒 古音či̯ə̯u—歸化tsäu—客家tsiu—安南tṣ- } 北京tṣou
周 古音či̯ə̯u—歸化tṣäu—客家tśiu—安南t'- }

上表各方音的比較，不禁引起我們的疑竇，我們回頭來看反切的音，在發聲爲 č 的字中，其反切拼音絕然分爲兩組：一組在歸化音裏變爲 tṣ，客家音裏變爲 ts-，安南譯音則爲 tṣ-，；其他一組在歸化音裏變爲 tṣ，客家音裏爲 tś-，安南譯音則爲 t'- ．從這些方音中所顯現的區別，可以曉得第六世紀的反切有很嚴格的區別，並且我們知道，現在從中國古音中已得着了兩個 č- 音 ，兩個 č'- 音，兩個 ǰ'- 音，兩個 š- 音，表之如左：

古音 $č_1$(-iə̯u等)—歸化ts——客家ts——安南tṣ- } 北京tṣ,
古音 $č_2$(-i̯ə̯u等)—歸化tś——客家tś——安南 t'- } 福州 tś-

然則，中國古語 $č_1$與$č_2$ 的音，究竟是怎樣的性質呢？說 $č_1$ 是近於通常的齒音 ts-（如歸化音），這層可無庸計及了，因爲中國古音中亦有 tṣ- 的音，而位於一個絕不相同的一行．那末，這個音究竟是硬的上齶音 (tʂ'-) 呢，還是軟的口蓋音 (tś-) 呢？在北京音裏，這二者都是硬的 t'ʂ- 音，福州音裏，這二者都是軟的 tś- 音．在歸化音裏 $\check{c}_2$ 是硬的 tʂ- 音，但在客家音裏又是軟的 ts'- 音，安南譯音裏，是 t'- 音．總之，我們如果要從方言中來解決這個問題，那分明是不可能的．

可是，我們的論證，卻並不因此就完了．第一，我們可以有許多古代的材料來證明 $\check{c}_1$ 是硬的上齶音 tʂ-，因爲在切韻指掌圖中 $\check{c}_2$ 音與硬的僕音 k-, p-, l- 等在橫行裏的位置，都是相同的；而 $\check{c}_1$ 音則必爲軟的口蓋音 tś-，因爲它與口蓋僕音 kj-, pj-, lj- 等 ❶ 位置都相同．這個例證的本身，也許有一點牽强，但是，我們從古代譯音上證明，確是不錯的；要講得清楚一點，我們不妨舉一個例把摩擦音的 š- 來替代合成摩擦音 č，由是我們可以在古反切與今方音中得到同樣的兩個音：

---

❶ 這幾個音在指掌圖中的某幾橫行裏是硬音，而在別的幾行裏，則爲口蓋音，這是可以證明的；但此地卻不能詳舉例證，可參閱我的中國音韻論．

古音 $\check{s}_1$——歸化 s-——客家 s- }
古音 $\check{s}_2$——歸化 ṣ-——客家 š- } 北京 ṣ-, 福州 s-

既然 $\check{s}_1$ 音（同於上表之 $\check{c}_1$ 音）在指掌圖中是與 k-, l-等音的位置相同，$\check{s}_2$ 音（同於上表之 $\check{c}_2$ 音）是與 kj-' lj-等音的位置相同，那末，我們以位置的相同來推斷，$\check{s}_1$ 爲硬的上齶音 ṣ-, 而 $\check{s}_2$ 爲軟的口蓋音 ś-・這層，古代的譯音中表現得最爲清楚・我們看耶穌紀元後四百年至九百年之間，所翻譯的佛典以及其他關於宗教的著述，更可以堅決的證明：

梵文的 ṣ 是譯爲 $\check{s}_1$ 音的，就是，依我的解釋爲 ṣ-音，

梵文的 ś 是譯爲 $\check{s}_2$ 音的，就是，依我的解釋爲 ś-音，

例如：

Ghoṣa 裏的 ṣa, 與 puṣya 裏的 ṣya, 均以 $\check{s}_1$ 音譯'沙'，即是我所說的古音 ṣa；

śarīra 裏的 śa，與 vāiśya 裏的 śya, 均以 $\check{s}_2$ 音譯'奢'或'舍'，即是我所說的古音 śi̯a・

這樣的例，在佛乘中不勝枚舉・由此，可知中國古

音 č-, č‘-, ǰ‘-, š-, 這一類的音，分爲兩組，一組爲上齶音的 tș-, tș‘-, dẓ‘-, ș-, 一組爲口蓋音的 t‘ś-, tś‘-, dź‘-, ś-, 是已肯定的證明了·

以上所擧諸例，是雖然衹關於考證第六世紀中國古音的步驟，也足以表示一些治支那學的方法·本書在論語言音韻的範圍內，固然不能踰越界線，涉及支那學的全部，也不能本着這些研究，便想求到一個總結果·但是，有一二點卻是很値得引起注意的，那是在我上面已經提及過，我們必須將關於此學所有的材料，澈底的考查一番，一方面須得留意古代的韻書，反切以及切韻指掌圖等，他方面須得考察現代的方言和古代的外國譯音，如高麗譯音，日本譯音，以及安南譯音·這里我們須得注意，這類外國方言常是十二分的重要，因爲它們的音韻，後來雖然亦有演變，但這些借入的中國字，卻還保存着當時是如何讀法的·這類材料，可以使今日語言學者，能得切實的效果；自十六十七世紀以來，中國語言學者，都未嘗利用過，也許他們還沒有知道這類材料的價値·

事實是如此：每每在一種中國本地的方言中所不能

顯示的事，而在這類外國方言中可以證明出來·例如，我們有一大類的字，都是帶着某（以 -x 表之）收聲的，如 kx, tx, ex 等，這類字，可不下千數·在近代方言中，也帶着很多極不相同的收聲，最顯著的是收 -o 的音·我們要是考察北京（中國東北部），大同（山西北部），興縣與文水（山西中部），西安府（陝西中部），南京（中國中部），上海（中國東部），汕頭（中國東南部），廣州（中國南部）諸地的方言，可以看出下列這三個字的音讀是：

	歌	多	羅	
大同西安南京汕頭廣州	ko	to	lo	
北京	kə	to	lo	
興縣	kə	tə	lə	
文水	k*bl*	t*bl*	l*bl*	(*bl*如俄語裏的音)
上海	ku	tu	lu	

這三個字在各地的方音中，都沒有 -a 的收聲·可是，你們如果掉頭來看外國的方言，它們雖然彼此獨立的，而這三個字卻都有 -a 的收聲：——

歌 多 羅

日本漢音吳音 ka ta ra

高麗譯音 ka ta na

安南譯音 ka da la

以上所舉，都是很有力的佐證，由這些例子中，可知古代外國借字者所聽得的這些字音，都是不約而同，一定是確鑿無疑的，而且我們可以推知這類字的收聲在中國古音裏，都是收 -a 的音（理由很多·我不能在這里詳細討論·其音必是一個 â〔洪音〕如現代英語 father --字），如 kâ. tâ, lâ 等；但是這個 -â 的收聲，如今遍中國的方言，都變成-o 的收音了（正如瑞典之古音 gās 變爲 gōs, 而寫爲 gås)，這個 -o 的收音，復枝節歧出，在上海音，則變爲 -u, 文水音，則變爲 -*bl*, 興縣音則變爲 -e, 北京音，則祇在舌根音後爲 -ə 音 (kə)，而不在舌根音後的爲 to. 據此，我們已經得了一個結論，就可應用這個結論在古代譯音中做一塊最精確的考金石，尤其是無數的佛典譯音·從這些譯音中，我們可以看出凡是這類字的收聲，都是用來翻譯外國方言的 -a 音，如'摩訶摩耶'一名·今北京音讀 mo-xə-mo-iä，但照我考證中國古音的系統，這個譯名，古讀 muâ-xâ-muâia,蓋此名梵文爲 Mahāmāya·據此，這個 -â 的收聲問題，很明白的解決了·

但是，我這里要請語言學者注意的：我們考證中國古音應用這種方法，是可以成功，可是，並不與在印歐比較語言學裏的考證印歐母語，可以相提並論，拿來直接比較的·實在說來，考證印歐母語，不過是一些表式——表明文字與文字間的某種關係·但是，這些表式所表明的，卻沒有固定的時代，也許母語還包含有許多其他的事情，爲現在各種轉成語裏所未曾顯現的，所以這種從表式上去探求，是不易尋到線索·皮德生 (Holger Pedersen)❶說得好：假如我們現在祇根據着現代條頓系的語言，去考證古代條頓系母語的形式，例如與拉丁語 cornu（角）相通的字，在英語，德語，瑞典，挪威語都是 honr, 荷蘭語爲 hoorn, 那末，我們當然以 horn 爲拉丁語 cornu 的轉成字，而決非 horna 了，我們現在所以知道 horna 這個字是從加力哈斯 (Gallehus) 的金角刻文之類上得來的·故在印歐語系裏也許找不出一

❶ 參閱H. Pedersen, Sprogvidenskaben i det nittonde aarhundrede, 1924, p. 247.

個轉成語的線索，所以我們祇憑考證，決不會成功．但，說到考證中國古音，則完全與此情形不同，它是比較實在的具體的一種對象．關於材料方面，我們有許多韻書，等韻表及反切，都是依照一定時代裏聲韻的部類來編纂的．此外我們還有許多種外國方言，足以啓示我們那個時期外國人所聽得的中國字音是如何的情形；我們還有許多在那個時期中根據中國音讀用中國文字所譯成的種種外國語詞．我們依據了這些材料，考得第六世紀時具體的語音系統，再以現代各種方音的研究來核定他的結論．假如我們能將這些各種互相考證的材料，應用得很適當，那我們所求得的，決不如印歐比較語言學者所爲祇是一些抽象的表式，我們的目的並不是要在某一指定的時代中，求得其準確不易的語音，不過對於切韻的著者在紀元後六百年左右時代他的音讀是怎樣，作一番忠實的描述而已．現在沒有什麼破綻，也沒有未曾表明的地方了，我們再來舉一個考證的表式．例如：kji̯ʷän．這是說，我們考定這字的古音，是一個從頭至尾完全的形式，於是，我們確知這字音的構成，是五個獨立的音素：1) 發聲 k 與 p-, t- 等是相反的，2) 收聲

-än 與 -ân, -an, -ən 等，迥然不同，3) j 音（舌前化）與 kan, kien, knən 等字音中無 j 者迥異，4) -i̯- 與 kân, kuân, knen 等字音中沒有輔音 -i̯- 的不同，5) ʷ 音也是與 kân, kien, kji̯än 等字音中無 ʷ 的不同。

我們對於中國第六世紀古音詳細的考證，可說是已到了成功的地步或者確切些說，是對於那時語音的一種，因爲那時已有許多不同的方言；不過我們這里所考證的方言，是當時流行最廣而且重要的一種，是古代舊都陝西西安府的方言——因爲現代方言大多數都從出於此或分化而成，其所流行的區域，亦最爲廣大，所以這些方言的語音可以直接用它來解釋；祇有福建省還有幾種方言，在某些關係上（如日譯之吳音然），可以啓示我們研究與切韻語音不同的古方言。

切韻系統的考證，已獲得許多具體的成績，尤以對於歷史家的貢獻爲多。蓋紀元後千餘年間，中國與亞細亞各民族的交通以及彼此文化的接觸甚密切；所以關於第六世紀音韻的智識，用來解釋各種外國事物名稱的漢字譯音，實在是個很有價值的基礎。不過這種考證的結果，祇是一個開端罷了。中國文獻遠在紀元以前，而尤其在紀元前五百年左右間，最爲宏富，最有價値・我在前面提及過，我們不能不於此上古的語言，更加一番深切的研究・我們不管研究的途徑上種種文字的障礙，應當盡力將古語的音讀顯現出來・

尤其重要者，我們須應用語言的分析，來考訂上古書籍的眞僞，這是一條最可靠的途徑，可惜從來都少有人試用過・如今讀中國古書——上古以至紀元前二百年間的——有一最困難的問題，就是這些古書流傳到現在，究竟是否可靠，或可靠到如何程度，幾千年來，有些古書是否被竄改過，是否爲當時原著，甚或有些古書是已經散佚了，而被後人收輯纂成的，有些祇是在紀元前數百年間學者任意假造出來的・這個問題實際上對支那學者是很熱烈的，很困難的；因爲中國文獻幾千年來都在不安寧的狀態中，重重度着厄運，所以這個問題非常複雜・我現在把古書所遭受的厄運，以及它們在研究的途徑上所與我們的種種困難，在下章簡略地叙述一下・

第五章

我們在前幾章曾說過，中國現存最古的文字，除少數的金文或稍爲古遠一點以外，其他一切當推商殷朝末年（約紀元前一七六六——一一二二年）以來龜甲骨片上所刻的文字了．我們在龜甲文上，可以看出那時書寫已經很技巧了；所以紀元前一千年光景，武王有疾，周公禱於三王請以身代，納其祝册於金縢之中；這種長文的發生，那時的確會有的．又中國大思想家老子，相傳爲紀元前六世紀時周之守藏吏，與他同時而年較幼的孔子，曾把前代流傳下來的民歌和廟堂頌辭，以及關於歷史的文獻，纂訂起來，其中有些似乎是孔子生前一千五百年時的文獻．

這不能認爲是假古董．在近東一帶，我們還有許多從更古遠的時代保存下來的文獻呢．所以我們也想紀元前的中國古書一定有許多保存到現在的；然而，很不幸，事實上卻相反，最大的原因乃由於歷史上的遭遇，足使後之中國文人學士痛惜不已．當紀元前第三世紀，中國封建時代已屆末運，正秦始皇統一天下之時，中國遂成爲一個中央集權的國家，政治上起了一個革新，於是當時儒者大起反對，嚴格的對始皇加以批評，他們所根據的，是經典上所載唐虞三代過去的盛世．由是遭始皇的嫉忌，紀元前二一三年，遂頒焚書之令，民間有挾書而不報者，科以重刑；令出，民幾無敢犯者．除宮廷內府所藏之圖書而外，舉凡中國之舊籍典章，焚毀殆盡．不數年，秦祚崩潰，紀元前二〇六年漢室起而代之，是時秦宮室已毀，文書檔案，亦遭焚如．隨後百年間，始遍求民間遺書，廣開獻書之門．原來中國人普通學習的方法，極重視典籍，常須背誦記憶，因此對於這個運動——獻書運動，有莫大的輔助．教師和學生通以口語相授受，一代一代的傳授下去，故許多經文或經解釋過的，都得保留下來了．這樣，產生了一大批的文獻，這些文獻都是在焚書以前中國學界所蒐集而成的，尤以儒家的經典爲多，即孔子刪訂之詩書及其門弟子所記孔子的學行．孔子的後生，以孟子最能倡宏其道（孟子一書，約在紀元前三百年後所著），其他幾部關於歷史的大著作，亦與孟子很密近的同時。此外還有與儒家學派異趣的諸子哲學的著作及一些註釋禮儀的書。

因這種補救的工作，於是便發生中國文獻學的研究。考據學家訓詁學家文字學家繼續出現，尤以紀元後第二世紀時，諸學之大師輩出，在中國學術史上特放異彩。

古代書簡一方面遞傳而下，而一方面純粹工藝的發展日盛一日，在學術上也佔極重要的位置，下文將詳論之。

中國上古時代的典籍，本來都是用尖銳的器物鏤刻於甲骨之上的，入後在焚書以前很久的一個時期中，始進而用一種木筆，澆以有色液體，書於木片，竹簡或縑帛之上；及焚書以後，始發明毛筆，一直到如今，中國文字的書寫工具，猶未有變易。可是，木簡的文書載籍，粗笨厚重，不便於用，而縑帛則又昂貴，所以不能不從事於製造與縑帛同質而價格低廉的材料，至紀元後一〇五年，始有聰明的蔡倫發明紙。在蔡倫以前，雖已有廢絲製成的紙，其法用廢絲搗成漿質濾於細網之上，但質料仍嫌太貴，而且難於製造，蔡倫的發明之所以可貴，便是能用低廉的材料以代替絲質，而得更好的應用；其質料是用樹皮，蔴，襤布及破魚網之類・其製法略如上述，而其品質，則較之前者更爲柔軟輕薄，價值極廉・蔡氏之法，極爲漢帝所贊許，風行於當世・不多年前，斯文赫定(Sven Hedin)曾在羅布淖爾湖上樓蘭古沙城中發掘得到許多故紙，其中有些是蔡倫發明造紙以後百餘年的古物・又有許多係斯坦因(Aurel Stein)在中國西北邊陲萬里長城故壘所發現的・這些地方都是沙漠乾燥之區，所以這些書籍能保存到現在，未曾湮滅，當是古代中國與近東方面之駱駝隊往來所遺之物，蓋是時中國與東羅馬已有交通，絲業貿易，頗形頻繁，往來所經之路，都是經過樓蘭的；所以這些書籍，能遠播於樓蘭・

紙的發明，在這樣早的時代，而對於中國卻是一樁很不幸的事・這話並不是我故作驚人之語，原來事實是如此：我們知道中國是印刷術的——還有其他種種——第一個發明者・不過印刷術的發明，比較遲晚些；大概說來，眞正印刷術實是在紀元後第十世紀才流行的・

此事在中國歷史上的情形，與歐洲絕然不同・在歐洲紙的用途最廣的時期，爲時甚遲，造紙之法由中國而傳至近東（即西域），是在第八世紀，由近東而傳至西方，中間的經過，尤爲遲緩，至其通行於歐洲，乃在十三世紀以後．此時以前尙通用羊皮紙．而印刷術的運用，是十五世紀的時代，因造紙法傳入，印刷術不久便風行，這點，對於西方的文獻，含有極重要的意義．旣有紙張，於是書籍的複製術發明，文書載籍，乃無亡佚之虞，從此，每個時期的文獻，大家可以保留着了．從前是一個抄寫時期，有少數的抄本行世，但這種抄本，因爲是質地很堅實的羊皮紙做的，所以不容易有損壞，隨後便入於印刷時期，以柔的紙張印刷書籍，自是，一種書可以印成若干副本，則更不致失傳了．

像歐洲這樣的情形，在中國是沒有的．我們在上文說過，中國最古的木簡書，在紀元前二一三年遭秦始皇焚書之厄，滅亡淨盡．以後幾百年間新出的木簡書，若以之與縑帛上所寫的文册相較，自然是很少了，所以到如今這些秦火以後新出的木簡，除了在中亞細亞爲斯坦因與斯文赫定所發掘的一些斷簡而外，絕無存者．自紀元後二世紀以後．中國學術眞正的如花一般的開放出來，當時，蔡倫之紙的發明，已通行於各地，縱或那時用紙以外，仍有書寫於木簡上的，但此等文書決無許多副本。

然而，柔軟的紙的發明，遠在紀元後一〇五年，而印刷術之通行於世，乃在第十世紀，這其間時代的相隔，若是其久，至堪驚異。在這一個很長的時期中，他們抄錄古書都用手寫，手寫本的生產量，自然為數極少。而同時這種手寫本的材料卻沒有如歐西的羊皮紙那樣有持久力，而且極易損壞；在這樣一個長遠的時期中，中國大部分手寫的文書，都是謄錄於紙上的，因其數量甚少而質地又如此脆弱，所以如今湮滅得一點痕跡都沒有了。秦火以後縑帛的抄本，自然也是如此，這是多麼可惜的事。中國十世紀以前所有各時代的簡册，到如今統已亡失了，除了上述斯文赫定和斯坦因在新疆所掘得的一些木簡及殘卷外，則為紀元後一千年間少數手寫的書册，雖經歷代的困厄，幸流傳到現在。又晚近在中國西北的甘肅省敦煌發現一個最重要的寶藏，是在一個廟宇的石室中——周圍是以磚砌成的，即所謂‘敦煌石室’，從紀元後一〇三五年所保存下來的圖書，其中最重要的部分，已被斯坦因與伯希和搬運到倫敦和巴黎去了．中國方面，自然也有些收藏的寫本，也有些流到日本去的．不過這些書籍與紀元後一〇五年蔡倫造紙以後至第十世紀印刷術通行，其間或存或亡的手寫本全數相比較，則現所存者，眞不過滄海之一粟耳．

至於現在翻印的最重要的書籍，則爲歷代傳遞下來的經籍，史書，韻書及類書等；另外有一大部分有趣的書，於今都亡佚了．間或由後世各書中所引用的佚文節錄中，還可見得，這些附見各書的佚文引句，是在原書印行之後，從這些佚文引句中，我們常常可見到許多極有價值的古代著作，不幸現在都亡失，永遠無從得見了．後世中國學者，痛古籍之淪亡，乃從事於輯佚的工作，將古代有價值的著作，從各書中鈎稽出來，重行組織一番．

最後一句說，就是說印刷術通行以後最初的幾世紀，其技術自然是很幼稚的，而且出版的册數也有限，則其流傳於後世，更加困難了；重以歷代戰爭之禍，層見迭出，如十三世紀成吉斯汗之征服中國，十七世紀滿洲人入主中國，焚燒掠奪，將中國豐富之圖書寶藏蹂躪殆盡，我們因此可以明白中國的文獻，實在有許多悲哀的殘痕。

中國的文書載籍既經過這樣長時間的厄運，於是歷代流傳下來的古籍，便有許多殘闕可疑的地方，因爲它們是幾千年來互相傳授的結果，我們必須對它們要抱一個懷疑的態度。舉一個實例：我們且從現存中國富有的經典中，拈出一部最古的尙書來說——這是一部歷史上官書的結集——這部尙書的眞僞，現在法國學者伯希和研究得最爲透澈，在伯氏之前，已有中國學者的考據及沙畹(Ed. Chavannes)的研究開其端緒❶。

關於尙書的傳授，現代一般所公認的傳說，乃是第七世紀時兩個權威的學者孔穎達和陸德明所建立的，玆略述如下：儒家的宗師孔子，倡道於紀元前五〇〇年，曾將古代的官書文誥删訂爲尙書一百篇，至二一三年遭秦始皇焚書之禍，此書亦被毀，隨後在漢孝文帝時（一七五——一五七）抄出一部分，當時有一個年老的學者

❶參閱 P. Pelliot, Le Chou king en caractères anciens et le Chang chou che wen; Mémoires concernant l'Asie Orientale II. Paris, 1916.

伏生，復口述二十九篇，以那時流行的書體，所謂‘今文’錄出・其後約當紀元前一〇〇年孔子之裔孔安國在孔子宅壁中得一尙書抄本，是以古文即所謂‘科斗文’寫的，他於是對照伏生的二十九篇，實與壁中書三十四篇相合，因後來對於孔子手訂一百篇中，分合有誤的緣故，再從壁中新發見多得二十四篇，更得一篇書序・孔安國於是自序篇首，引論原書之大概・孔氏之書，卽謂之古文尙書，以其爲秦漢以前之古文所寫也・至於伏生口述的尙書，由其弟子而傳弟子，亦如孔氏尙書之傳習不絕，傳寫許多副本出來・至紀元後第三世紀，因政治的變亂，尙書的傳統遂中絕・但約當紀元後三二〇年，有士人梅賾者，獻一書經於時君，謂卽孔氏古文尙書，今日世俗所傳習之尙書，卽梅氏所獻之書也・其後復經上述之兩學者（孔穎達，陸德明）爲之註釋，至於今日，猶具權威，爲一般文人學子所傳誦・

關於梅本古文尙書的傳習，完全依據梅本的書序，孔陸二氏對於此書的眞僞，一未提及・可是，到了十二世紀以後，才有一輩學者起來，用嚴正的批評眼光，辨梅氏所獻之孔氏古文尙書序非孔安國時代之作，梅氏所獻，乃三世紀末四世紀初時所僞造者．眞正的孔安國尙書實已逸亡．僞孔古文尙書實將伏生二十九篇收入略加排比，此外又僞造多篇屬入，總成全書，謂爲即孔子所删訂，稱之爲孔安國古文尙書．事實上，假如我們回頭去考大史家司馬遷的史記，便可以見得僞古文尙書的破綻，蓋遷與孔安國同時，他曾述及伏生及伏生保存之尙書，他明明說這位九十歲的老人，當秦焚書時，他是把尙書私藏着，秦火後，他所藏的尙書祇剩得二十九篇了，他於是便將這二十九篇傳授生徒，可是司馬遷並不曾說這二十九篇是由伏生口述出來的．司馬遷又曾述及孔安國的古文尙書是孔子家所藏，可是，絕沒有說壞孔宅，從壁中得書的故事，這層，伯希和曾有極精審的考證，他將尙書復出的故事和改竄及僞造的篇章，下一番縝密的研究，推斷尙書的眞僞問題，乃發生於紀元前一百年，伯氏並將從此時起一直往下的各項材料都收集攏來，以明僞孔安國古文尙書序是怎樣構成的．以後幾世紀中，無論史家司馬遷及其他的記載中，都不曾說眞正的孔安國作過一篇古文尙書序的．孔氏不過僅僅述明在孔子宅中所得到的古文尙書罷了；至於那篇序文上的引

論，實是後來僞造者的作品·

如今這僞孔氏古文尙書（內包括有伏生所傳眞尙書，惟稍有竄改），卻漸漸成爲一種普遍的標準古書，但是，我才說過，僞傳說以伏生口述尙書之二十九篇爲'今文'，孔安國在孔子宅所得的尙書爲'古文'，這種說法，廣被人間，其影響至深且鉅·蓋自梅賾獻僞書以後，幾多世紀以來，學者靡然相從，轉相抄習，而此僞書之書體，則又改變當時之通行體爲不常經見之古字以求合於相傳之'古文尙書'，取信於世·其作僞之手段，猶不止此，復依據伏生所傳之諸篇從中妄事杜撰·及至第七世紀，陸德明孔穎達又爲之註釋，據僞本以傳授其生徒，歷世相沿，皆被其權威所惑而不自覺·

然而，這一齣悲喜交參的幕劇，並不就此便完結了·自紀元後四百年以來，學者不斷的考證此書所用的古字，他們的動機，或者是懷疑書中有杜撰的字攙入，或者因爲實用之故，他們要將此書所用的古字轉錄爲當時通行的字體·及到唐玄宗時才把這個工作了結，他把這書的各種傳本來比較，覺得書體的異同過多，便想訂正這部僞古文尙書的通行本·公元七四四年玄宗乃勅命衞寶(Wei Pao)總其成，全部僞孔氏古文尙書的古文，遂盡翻改爲流行書體了，是即今本尙書·自此書流傳以來，無往不被，於是往時之傳本遂絕跡於世·

這件事情對於後之好學者，實是最堪痛惜的·蓋未曾翻改爲通行書體的僞古文尙書中的古字，究竟要古遠些，逼眞些；隨後幾世紀中，有少數的文人根據以前的傳說，又造出幾種新的版本來·但是，這些孤獨的工作，與當時社會並沒有關係，所以自第十五世紀以來，梅賾之僞孔氏古文尙書不復見於世·其唯一存留之蹟，祇公元一〇八二年之傳本上的一序文乃十二世紀時所作，後世學者便藉此序以考證七四四年時之梅本古文尙書，日本也有學者從事此書之考證，據云他們尙有一三二二年的傳本，又有兩册抄本是十四世紀依據更古的傳本抄錄的——似可藉以考證七四四年前尙未翻改的梅本·幸而不多年前，斯坦因與伯希和在敦煌石室中獲得了一批唐代（六一八——九〇七）的手寫本，其中有幾篇是七四四年前尙書的殘卷，雖然如今還沒有整理刊行出來，可是，這些殘卷卻不特可以爲考證十二世紀時那篇序文的根據，而且可以證明日本的傳本也靠不住；因爲其中所載古文以與敦煌唐寫本相較，可見其爲僞蹟也。

我們現在把這個問題的結果，總括一下：

孔子所删訂的尚書眞本，在紀元前五〇〇——二一三年之間，通行於世，轉相傳習，自秦焚詩書以後，所保存的尚書祇有兩種傳本，一是伏生的二十九篇，一是孔安國的古文尚書。自紀元前二〇〇年以來，儒林皆依據伏生之本競相傳授，至紀元後二〇〇年伏生學派中絕，而孔安國之古文尚書——孔氏與司馬遷同時，遷確曾見其書——隨後也失傳，絕無可考。大約在紀元後三〇〇年，於是有僞孔安國古文尚書出現，僞孔書係依據伏生之本，稍加竄改，以求似與古本之不同，且又另增多篇於其中。往後許多世紀，又有若干僞古文攙入此僞書中。及經七四四年此書翻改爲通行書體以後，我們即使對於由僞伏生尚書改竄增構而成復經後人攙入古文字的梅本古文尚書，其眞相如何，也難考定了；祇從敦煌所發見唐寫本尚書殘卷中，猶可略見一二。

說到這里，又發生了許多問題：我們用何方法駕馭這些材料以研究中國古代的典籍呢？這些材料歷來經過這樣惡劣的遭遇，有何保證說它們是靠得住的呢？

雖然，我們得承認上文所舉，不過是一個極端的例罷了·至若大多數的其他問題，並不見得如是複雜·其中許多載籍我們固然敢確定的說是假的，可是，有許多載籍，我們更敢確實斷定它們是眞的，不過，在中國古代有許多極重要的載籍，我們仍無從確定它們的眞僞，像這些地方，依我看來，語言學家應當有所借助，以盡力求得正確的結果·

假如我們對於上章所證第六世紀時一種中國最流行的方音的結果，還不自滿足，還望更遠溯上去，應用語言的方法，討論一些更爲古遠的文獻，那末，我們就要遇着許多很難勝過的困難了， 這就是我上文已提及過的，關於中國的語言和文字的特性，一般文書載籍在我們眼簾裏，宛如展覽的圖畫一般，祇能供眼看，不能給耳聽·而書中的文字，卻又不能啟示我們當時著者對於這些字的音讀是怎樣，因此，我們不能如對他種語言一樣，可以分析其字之語根與語尾·在中國有許多不同的方言，同是一個古書的文字，音讀便完全相異，這是因

爲有中國象意字在背後做護身符的緣故·無論如何，字首和字尾，總是不能存在的，即使從前或者存在，亦早已消滅至無形跡了·因此，我們也就不能得到語尾和語根研究的幫助·即使從語詞的應用上研究，我們也不能以之考訂古書的年代問題，因爲中國的文人學士——這層上文已提及過——都是極端的信而好古的人，凡是一種語詞被古代應用過的，便永遠都存在着，後世沿用不絕，不管這個語詞在口語上還通行不通行；所以中國文的詞彙極其浩博，無限制的儘管跟着時代擴大·這樣說來，不幸的語言學者究竟在中國何處可以尋着耕種之地，得資收穫呢？

這層，固然很困難，可也並不至於絕望·即使這種載籍的牆壁很堅固，不容易使語言研究得以鑽進，可是，它們究竟有破綻可乘，不過很不容易尋着罷了，這里我且舉一二個例，以表明研究的可能性：

孔子生於魯將魯之史記修成春秋，其實不過是一些政治報告，在文學上不很重要，經孔子收集纂訂之後，乃成一本文句極簡鍊的書，繼有左傳一書，復詳爲之傳釋，於春秋上每一件事，皆繫以極詳盡而饒有風趣之歷史的紀錄，故左傳一書，實爲紀元前七二二至四六八年一部最詳審的中國史書·爲了這部書，歷來學術界聚訟紛紜，掀起了層層的波浪·據相傳的說法，以爲左傳係一個與孔子同時的人左邱明著的，但是實際上關於這個人，我們在別處得知道的，簡直一點也沒有·左傳之名蓋謂左氏之所傳也·雖然從'左'之義而言，此字也許可以釋爲'左邊的書傳'·德國一個淵博的支那學者格魯布(W. Grube)，他以爲左傳一書必係孔子自己著的，至於春秋，不過是一個大綱而已·這個解釋，頗新穎可喜，且足以證明孔子自道'知我者其惟春秋乎'的話；不然，孔子如僅自贊許其春秋，則春秋實是一乾燥無味的'斷爛朝報'，很難解釋孔子自己的話了·格魯布這個假說，發表之後，福蘭克 (Otto Franke) 曾爲文駁之，爭辯甚烈，據福氏之解釋，以爲孔子之自稱道其春秋，決非如格氏之說❶，左傳乃是較春秋爲晚出的一部專記史事的書，後來才把它分裂以配合孔子的春秋·福氏之說，未能折服幾個後出的德國支那學家，他們擁護格氏

❶他說春秋一書，是孔門一種教訓的大綱，以口語相授受，其後始各將其大旨記錄成書，故另有公羊傳，穀梁傳·

之說，反駁福氏之說，極爲熱烈，尤甚於格氏自己．更有進者，事實上自秦火以後，左傳是否保存着，亦是難於稽考的事，故有些激進的學者，以爲它是僞書．一九一三年日本有一個學者，以天文學上的根據，考證左傳實爲秦漢（紀元前二〇六至紀元後二四年）之間所總集而成的．近今中國一派所謂今文學者，以康有爲爲其翹楚，亦主張左傳完全是紀元第一世紀的僞作．福蘭克之主張，誠然沒有這樣的急進，但他也以爲左傳係一部四分五裂的書，實被後人大大改竄過的．

關於這部聚訟的書，我們現在且舉一個語言學的現象來探究一下．

中國經籍中常見有'於''于'兩字，現代官話均讀爲yü，文法上的功用爲表位置的介詞，擴充其用法，則有'關於''就''涉及'等之意，如'於京'，'於朝'，'於市'，'於山巔''於王'，等．歐洲有兩個專研究中國古籍文法的著名學者，就是久林(Stanislas Julien, 1869)和卡伯倫士 (G. v. d. Gabelentz, 1881)，卡氏主張這兩個字是完全相同的，就是，本是同樣的意義，不過文字的寫法不同而已；而久林氏則較卡氏爲縝密，他以爲'於'

與'于'是可以相通的，但決非是完全相同的．在紀元後第六世紀之時（這個時代的語言，我們是能考訂出來的，參閱上文），'於'之音爲 ·i̯wo, 而'于'爲音 ji̯u, 而 ji̯u,則從較古的 gji̯u 音演變而來，這層在下文我們將根據各種史料以證明之．但，久林氏之說以爲'於''于'是相通的，確是不錯，假如我們把孔子的經典整個的考究，我們便可以得到關於這兩個字許多的例證，它們是代表英語 in, on, at, with 這些意義的．可是，假如我們把孔子的經典一一分開考究——這是一個極其根本的辦法，從前似乎還沒有人試用過——我們更可以得到許多有趣的結果．尙書——此書的沿革，上文已論及——中統是用'于'字，論語和孟子（孟子卒於紀元前二八九年），則幾乎全用'於'字，極少用'于'的地方．像這樣的例子，可見'於'與'于'這兩個相通的介詞，總有點奇特的情狀，就是說，這一個是在這一種方言中極通行，那一個是在那一種方言極通行．可是，我們一考查上文所舉的左傳，則其情形至爲複雜，而且極有趣．左傳中'於'與'于'皆用，乍見着簡直莫能分辨．例如：

請師'於'楚．

宋公以幣請'于'衞·

這是顯見的完全互相通用，在左傳中幾乎每頁裏都可以見到，所以從來沒有想到從這種地方去尋究竟，也是難怪的·

雖然，這個問題的研究，應採用一種特殊的方法·我曾做過一番'於''于'兩字用法不同的統計，考得這兩個介詞有三種不同的用法：

A.適當於英語的'with'，法語的'chez, auprès de, vis-à-vis',用於人名之前的最多， 例如：

昔諸侯朝正'於'王·

或訴元咺'於'衞侯·

B.適當於英語的'at'，法語的'à'，常與地名聯用，例如：

敗秦師'於'殽·

C.適當於英語的'inside, in, on, into'，法語的'dans'例如：

'于'宗廟·

至'於'郊·

我於是考得凡屬C項所用的'於'與'于'，是絕對的混用幾乎字數相等，A項的意義，以用‘於’這介詞爲常規（A項裏‘於’與‘于’的字數，大約是七與一之比），B項的意義，以用‘於’這介詞最爲普通（‘于’與‘於’的字數，大約五與一之比）·據此，我們可見左傳的方言，已經開始把‘於’與‘于’混合起來用了；不過這個過程進展得還不是那樣遠，以至使我們現在不能明白地把這兩個有趣的介詞的功用區別出來❶·這種區分，雖然不是絕對判然的，可是這個原則的基本的理由，却可以成立·

到後來的語言中，這個區別，便休想還存在了，‘於’(i̯wo)與‘于’(ji̯u)的用法，便十分混亂不明，純然成爲同義字了·在當時一些方言中，這個傾向起源很早，我們在左傳中已看得還有很明顯的區別，但是這種

❶上述之統計中，凡‘於’字之後聯有國名者，概不在統計之內，因此類例子過於混雜難辨·例如：‘請師於楚’一句，便‘於’與‘于’均可讀·如把這句話譯做法文，則爲：Il demanda une armée dans (le pays de) Chu (dans爲B項之‘于’義)；il demande une armée auprès de (la principauté de) Chu (auprés de爲A項之‘於’義)·

區別不特在尚書所用的方言中已經沒有，就是在孔孟的生長地——魯國的方言中也是如此．所以書經所用的方言都爲'于'，而魯國的方言則爲'於'．

總之，'於'與'于'兩個介詞的研究，這里不過舉一個文法演進上的例證罷了，自然，誰也不能便據這樣一個孤證貿然下個很大的結論；不過事實是如此，上面所舉的例證，乃是鄙見所依據的全盤文法例證中的一個罷了（其詳請參閱我的左傳真僞考 On the Authenticity and Nature of the Tso-chuan, Göteborgs Högsaulas Årsskrift, 1926.譯者按：此書已有陸侃如君譯本）．這些例證，可以容許我們得了許多很重要的結論．

（1）我們可以決定在紀元前幾百年間，中國的古音在有方言上實是有相當的區別的；這點，也許任何人都可以想得到，但是，若祇從文字上考證，則甚困難，蓋我們現在不能從文字上得到啟示，以明白當時某地的音與某地的音有何區別．儘我們現在所知道關於上古各種方言的材料，祇有漢代以來某些地方行用的特別'方言字'(dialect words) 的記載罷了．所以我們這里研究中國上古方言，祇有深入經典裏邊去探討．

（2）孔子並不是左傳的創作人．蓋孔子與左傳，中間最重要的不同地方，是文法上助語辭的用法常有不同：這種文法上隱微的事情，在當時說話的人或著者自己，一定是不知不覺的，他絕對不會應用他自己的助語辭，在這里爲此，在那里爲彼，毫無定向．所以二千年來，中國一般的傳統說法，都以爲左傳是一個魯人左邱明著的，若是明白了我們在上邊的那樣的攷證，那末這種傳統的說法，不啻無的放矢，不攻自破，因爲左傳中很明顯的不止是魯國的一種方言．

（3）尤其重要的，則爲：無論左傳一書經過怎樣的厄運，其中大部分總是眞的——不是指書中的文字，乃是指他的言論（固然，其中也許有一部分是後人攙雜進去的）．須知作僞者在當時寫作的時候，‘於’與‘于’在功用上已經完全相等，純然成爲同義異形的字了．他既不能發覺這種文法上的區分，卽使在別的古書上存在着，他也不知道，自然不會摹倣這種區分的．總而言之，從文法進演的系統上看來，左傳中所用的語助辭確是很奇特的，我曾經把它們詳細的指出來了（請參看我的左傳眞僞考）．這層實是左傳眞僞問題的最好證據．

關於左傳中'於'與'于'的研究，足以使我們看出，這類書籍的眞相，竟然很幸運的保留下來，姑無論若干年來經過了許多人轉相傳授，從古代一直到如今，學者傳習古書都憑記憶誦讀，歷代師弟相授受，他們寫錄古書時，都是用當時通行的書體，卻沒有更改語詞的組織·而古書的傳授，旣然以口語爲主，則古書的音讀，雖在同一的區域內，語言一有變遷，音讀便亦逐漸變更——那表意的文字卻是不變的，並沒有影響於文字的音讀的（參閱上文頁五五）·但，音讀雖是發生了差異，而原有的音讀卻並不因此完全消失，所以古音本來有區分的音，隨後仍有存留着的·例如：'於'（ʼi̯ʷo）與'于'（ji̯u）兩個介詞，在第六世紀的學者還有區別，足以爲這兩個字上古異讀的反照；更可明瞭這兩個字，從前以口語傳習古書的時候，其音讀還是很正確的——無論如何總有很大的可能性——及至經過若干世紀以後，口語的傳習上還保持着古書中'於'與'于'不同的音讀·

卽此一端，固然是一個很瑣細的問題·其在文法的差異，是很隱微的，但却是極有價値的，至於在許多更顯著的事實中，我們也可以推想在口語間還存在着，不過它們詳細的情形，大家向來都不曾留意罷了·反之，我們在這里也可以看出口語間所保存的古音，時代流傳，就是書中實在的語詞，有時也得受影響·

所以，現在縱使我們不能知道古語的音讀，我們卻能從研究純粹文法的語詞上，作積極的探試，可是，我們如果一經着手考證由六世紀(這時音讀已經考出來了)往前至於一千年以前的讀音系統，那末，當前的難題，便紛至沓來·雖然如此，我們卻並不因此就茫然無所適從：中國文字固然有許多障礙，但自另一方面言之，卻是一種最有價值的資料·我們須知中國文字大部分是由一個表意字和一個表音字所組合而成的，這點，很容易由文字的本身上得到許多提示，我們可以在這類組合字中從表音字上去研究·誠然，中國文字之成爲合體字，固遠在若干世紀以前，可是，綜合表意字和表音字以成一合體字，這種方法的發生，大概言之，比較並不很早；這層，我們可於古代鐘鼎彝器的金文看出來·我們並且可以說，大部分這類的字，眞正世上所流行的，其產生時期，大約在紀元前五〇〇——一〇〇年，更肯切點說，大約在紀元前二〇〇年，這是可以安全的斷定的・因此，這類的字可使我們曉得一些關於那個時期音讀的情形・我在一九二三年曾出版了一部中日文解析字典 (Analytic Dictionary of Chinese and Sino-Japanese) ，我在此書中，就是從此項材料，引出了好些結論，這里，我且舉幾個例證，以表示我對於此項材料的研究方法・

我們要是以我所考證的第六世紀語言，作一個根據，把許多具有某個表音的合體字研究一下，例如：

干 (kân) ，以此爲表音的：肝(kân)，刊(kʻân)，旱 (ɣâk)，罕 (χân)；或：

白(bʻɒk)，以此爲表音的：百 (pɒk)，珀 (pʻɒk)，泊(bʻâk)，碧 (pi̯äk)・

我們就可以看出在這個單體的表音字與其合體字之間，有一致的音素・便是語首和語尾的相同・‘干’(kân) 字語首帶着舌根音，語尾爲n，由‘干’組合成的字，也是這樣・‘白’(bʻɒk) 字語首帶着唇音，語尾帶着舌根音，‘百’(pɒk) 等字之音，也是這樣・而且可以看出它們的元音也大概相似的・這個公例，應用在第六世紀的音讀上，十有九總是適合的；祗要表音字相同，它們的音讀，總是一致．因為許多合體字中，假如都含有同一個單體字是用來表明這些字的音讀的，那這些字的音綴與該單體字的原有音讀必相一致．於是我們試將第六世紀許多合體字的音讀考究一下，我們便可以尋得對於這個公例，有一種極顯著的變化；例如：‘通’(tʻung)的表音字為‘甬’(i̯ʷong)，‘怕’(pʻa)的表音字為‘白’(bʻɑk)，在研究他們音素的進程上，我們便不能不問：為何 i̯ʷong 音能成 tʻung 音，bʻɒk 音能成 pʻa 音而說它們的音讀是相一致的呢？前者語尾的僕音是同的，但，語音卻不同，後者，僅語首僕音（皆屬唇音）相同，但語尾不同，這種現象，我們豈不是很有理由說‘甬’與‘通’及‘白’與‘怕’之間，音讀有顯著的歧異，而這個歧異，則由於語言演變之故；在紀元前的時代，當‘通’‘怕’這兩個合體字發生之時，它們的音讀，本來與‘甬’‘白’等極相似的嗎？假如我們試把一組具有同一表音字的合體字列在一起，那末，這個問題，便不難答覆了．如‘甬’(i̯ʷong)確係‘通’(tʻung)的表音字，假如這兩個字的音讀，祗是因為元音有關係及語尾的(-ng)相同，至於語首就毫不計及，那末很明白的，$\underset{\frown}{i}^{w}$ong 音固然也可爲 k'ung 或 k'ung 或 k$\underset{\frown}{i}$ung 等字的表音字了·據此，我們也可以設想，凡是含有‘甬’的許多合體字中，其音讀皆如 t'ung, kung, sung, lung, mung等——語首無論爲何音·可是，實際上這一組的字，我們所尋得的：

以‘甬’爲表音的合體字，有：筩，(d'ung) 通，桶，痛，捅(t'ung)誦(z$\underset{\frown}{i}^{w}$ong)等·

我們看上面這些轉成字，其語首皆屬舌尖音，絕沒有雙唇音或舌根音的例·我們再拿另一組的字來看，如‘爰’(j$\underset{\frown}{i}^{w}$ɒn)：

以‘爰’爲表音字的，有：諼(χ$\underset{\frown}{i}^{w}$ɒn)，鍰 (γ^{w}ɒn)，緩(γuân)等——皆屬舌根音；並無舌尖音或雙唇音·

這不能認爲僅是偶然的遇合·我們對於這層原因，祇能作一種想像的解釋，便是這個表音字‘甬’($\underset{\frown}{i}^{w}$ong)，從前曾一度帶有舌尖音 d- 的，隨後——在第六世紀以前便失去了；於是我們很可以明白爲什麼 d$\underset{\frown}{i}^{w}$ong 音，用爲‘通’(t'ung)與‘筩’(d'ung) 等字的表音字（而不用爲kung, lung 等的表音字）之故了·這層，確是與這個定律完全符合：就是表音字與其轉成字之間，二者的語首和語尾是相一致的。同理，'爰'（$ji^{w}ɒn$）的語首原爲g-：$gji^{w}ɒn$。此即所以解釋'爰'爲什麼用在許多具有舌根音的合體字的原故，如：諼，（$χi^{w}ɒn$），緩（ɣuân）等。

可是，問題還有：誠如上所論，'甬'音語首既然必失去了一個舌尖音，'爰'音語首必失去了一個舌根音，但，爲什麼前者恰爲d-，後者恰爲g-呢？這層，卻有許多有趣的原因在裏邊。我們據前章所論考證第六世紀語言的方法，得到了這個可驚的結果，就是：

k	k'	g'	ng		t	t'	d'	n

而這中間沒有通常不送氣的 d- 和 g- 音。我們據'發音學'（phonetics）的研究方法，可以爲這個特別現象下一詳細的解釋，中國語在紀元前曾有全套的音素的，不過後來這不送氣的帶聲暴發音失去了：

k	k'	g'	ng		t	t'	d'	n

表中之g-如在'爰'（$ji^{w}ɒn$）的音裏，已經失去了，d-在'甬'（$i^{w}ong$）音裏的亦已失去了。這個結論，還有別的有力的佐證呢！凡是一個中國字音，無僕音語首（因爲

我不把 i̯- 或 ji̯- 認爲僕音，而與 p-, pʻ-, t-, dʻ-, 等同視），而用爲另一有僕音語首合體字的表音字時，則這個表音字，常帶有 i̯- 或 ji̯- 音．換言之：如‘甬’(i̯ʷong) 之於‘通’(tʻung)，或‘爰’(ji̯ʷɒn)之於‘緩’（ɣuân），是合於通例的，然如 ân 之表 kân 音，或 uən 之表 tuen 音諸例，事實上就沒有了．

據此，我們勢必至於敢斷言，i̯- 或 ji̯- 在聲音的表出上，是顯然失去了一個 d- 或 g- 的．這是語音過程的普通現象．在瑞典語言中，我們可以舉出不少這樣的例，如；di̯up 與gi̯uta 兩字，其 i 音之前，失去了一個 d- 或 g- 音 所以現在這兩字讀爲 i̯up 與 iuta；在德意志之北部， g- 音已自行變爲 i̯- 了，如 gans,今則讀 i̯ans. 那末，很自然的，我們推想這‘甬’字在語音發達的過程上是從 di̯ʷong 變爲 i̯ʷong 的．

依據同樣的道理，我再以上面所舉‘怕’（pʻa）的表音字爲‘白’（bʻɒk），這個例，也是因爲‘怕’字讀法，在紀元前時代，其語尾本有一個 -g 的，即 pʻag ，但後來這 -g 音失去了．又如‘列’（li̯ät）爲‘例’（li̯äi）的表音字，在紀元前 li̯äi 本讀爲 li̯äd, 後來把語尾 -d 音失去了·這里，我不願舉繁多的例，以倦讀者，但我可以說，多感得中國表音字和它們所構成的合體字，咸就了我許多很重要的創獲 —— 有些我還未在這里論及 —— 使我對於紀元前二百年語言中的僕音系統縝密地下了結論，並且使我們對於這成千成百的普通字的古音，應用這種方法去研究，而獲到一種合理的具體觀念·假如我們以這樣的方法研究古代語言，藉知當時這個演變的過程還未去得很遠，文字的音讀仍在很繁複地演變，如pʻag 之變爲 pʻa, di̯ʷong 之變爲 i̯ʷong, dʻag 之變爲 i̯äu 等，這層，對於語言學者有何好處，我不用多說，我們一到了印度支那(Indo-Chinese)系比較語言學這個嚴重的工作裏，就覺得這許多合體字的研究，比較後來由他們演變發生的字音，要容易得多了·

我們現在把中國固有的材料通通研究了一番之後，第二步功夫，自然要假印支語系比較的研究了·誠然，這裏面亦有許多中國固有的材料可資參考，我在上文尚未提及過的·在過去的一二百年間，有許多中國學者也曾用過一番大功夫，但我對於他們的研究都不甚滿意·那便是，古詩用韻的考證·蓋儒家的經典中，有一種最重要的詩經，共有三百篇，其中有五篇據說還要古遠一點，其餘都是紀元前十二世紀至七世紀的抒情詩歌；中國音韻學家爭相把這些詩歌裏叶韻的字分別部居，以爲考訂中國上古音韻的關鍵．可是，其中困難甚多：第一，我們知道這些詩歌，大部分都是從當時中國許多小侯國裏採集攏來的，那末，在方音上必然有不同成的分子混合其間；所以要想把這類地域不同的詩歌認爲純一的材料，以考證其音韻，實是不可能的事情．復次，我們也不能懸想那時詩人用韻究竟是怎樣嚴格的．而且這些詩歌充其量也不過是一些民間歌詩而已，據我們所知，斯干的拉維亞和英吉利的歌謠所提示我們的，只要是很相近的韻，也可合用於這類詩篇，例如：在瑞典民歌中，有in 和kriny 可以叶韻，viter 和 liker 亦可以叶韻；英吉利的民歌，dyke 與 knight 可以叶韻，kim 與 him, man 與 won ❶等，都可以叶韻．但，這種古詩的用韻，可做我們的旁證資料，以爲應用他種方法所考得結果的輔助，當然有時也是很重要的．

第二步繁重的工作，是將支那，暹邏，西藏和其他

❶參閱 F. J. Child, The English and Scottish Popular Ballads.

屬於支那系(Sinitic)語言的比較研究·可供這種研究的材料，似乎俯拾即是·我們現在不特知道第七世紀時西藏拼音文字的音讀，及一二八〇年以來的暹邏文字，而且第六世紀的中國古音，也已經考證出來，又關於若干世紀以前的僕音系統，亦曾得了種種結論·不過這些材料，還未能應用的十分滿意·假如中國語在紀元後六〇〇年之際，猶如西藏文一樣，還沒有變爲一種文言，換言之，就是自第七世紀以來，中國語纔成爲一種文言，那這材料便簡單得多了·可是中國經過了長時間文化的發展，文書載籍，汗牛充棟，故文字因而歧義百出，今義古義，迥不相同，所以如今我們若是要把第六世紀的中國文字取出它們的意義作爲比較研究的資料，那是很危險的事情·我在前面曾論述過，說明中國語在紀元後幾個世紀中，何以會集成一個這麼廣大的字彙——至少有一萬五千至二萬的字數——而且個個字都是簡單的單音綴，分明是原始的語詞·我曾指明這些必是原始的字，文獻學者可以把這大批的字歸納爲最少數的類別，以探究這大批字所從演變出來的語根，而明其支派源流，求其原始的意義·可是，這步功夫沒有做完以前，這些字就構成危險的材料·因爲這些字爲數繁多，意義又紛歧錯雜，最易使比較語言學者牽强附會——以本不相同之義而相提並論·譬如他要尋一些與西藏語 bud (塵埃之意)相似的，那末，他便可以在廣韻中——這是一部十一世紀時的韻書，根據第六世紀時切韻所成的——尋着二十三個不同的字，都讀 bʻuət 的音(與 bud 音極相近，在當時的語音系統上是可能的)，五個不同的字讀 pʻuet 的音，二十個不同的字讀 pi̯uət 的音，九個不同的字讀 bʻi̯uət 的音，等等，這許多字當中，很有不少的，其義或爲‘塵’，爲‘土’，或爲‘垢’，或爲‘埃’，或爲‘粉末’，或爲‘雲朵’及類此之意；這類字義，不消說都與西藏語的 bud 有相聯的關係·其中有兩個字，即‘埻’ (bʻuət) 與‘坲’ (pʻi̯uət)，這兩個字的意義，均顯明的爲‘塵埃’之意，這種妙合，眞是令人絕倒，然而，若本此就作爲比較研究的根據，其危險孰甚！這兩個字都是不常用的字，其本義實是很模糊的·二者或許是代表一個語根，與西藏語的 but 相同——或許不同；因爲彼此聲音的相同，爲我們所發見的，並不是從二三個中國字當中得來，乃是五六十個字當中得來，自然不能就當它作證據．如像根據這樣的比較研究，而貿然便下斷語——有時立脚點還有更比這樣脆弱的——豈能靠得住嗎？

雖然如此，我們若是把這許多字，分別部居，推求其語根，我們纔有把握決定其原始的義意，幷表明其從屬的以及轉變的意義，這層是十分重要的；這里，我們自然要借助於中國的文字了，中國文字固然在我這研究的進程上有許多障礙，可是，到底是很有價值的材料．蓋中國字每一字常含有多種的意義，雖然都從一個普遍的基本觀念演變出來，可是繁複錯雜，很難辨別其演變的線索；但是這類字常可以幫助我們的進行，使我們能看出何者爲原始的意義，例如：這里有一字，在第六世紀時讀爲χjei̯,意爲‘願望’，而同樣一個字，也讀爲 χjei̯(希)，其意則爲‘珍貴’．再有一個字，仍請爲 χjei̯，意則爲‘薄少’．假如從前是一種通常拼音文字的寫法，我們便無從確實知道三種意義是怎樣聯攏來的；可是，中國字是把以上這三種意義，用同一個‘爻’字來代表．我們如果這個字形分解一下，便知其从‘巾’从‘爻’，故此字之原始意義，則爲表示‘疏薄得好像布帛’．本此意念出發，我們便得着以下各種意義：（1）希，薄也，少也；（2）希，貴也；（3）（作動詞用），希，冀也，求也，望也，諸義．應用這些意義的例證，在文獻上實不勝枚舉．這類的事情，都是我們從文字的本身上所得到的提示．‘奚’讀爲 yiei 本‘奴僕’之意，而與此字爲同一語根之字是‘系’，讀爲 yiei’，其義則爲系縛一不自由之人．更有一‘燕’讀爲‘ien’，鳥名，本象一鳥之形，在此字之旁，加一‘口’字爲‘嚥’，讀爲‘ien’，爲‘吞食’之意．這里，‘燕’字不特爲表音之用，而且‘燕’與‘嚥’，在語源學上實是相通的，蓋‘燕’爲一物名，即‘吞而食者’之意；這點是很明顯的：我們祇須去看一個張着口新生的雛燕，當母燕嚙食來飼之時，我們便可得一個雛燕張口吞食的印象．

假如在此比較研究的進程上，將中國方面的材料，充分地整理一下，而求出許多確實的語根，以及它們基本的意義，這件工作固然是很重要的：可是，我們祇依據語詞聲音相同的孤證，仍然不能便下斷語．因爲祇憑聲音的相同，實在可以證明一切，譬方說把許多印度歐羅巴語系的語根來與中國文字比較，誰也可以僥倖成功，如'晝'字，中國古音爲 t'i̯əu 便可與印歐系之*di̯ĕu̯-相比較，此字拉丁語有 dies, 而其意義確是都相同的．又或牽强中國字以與條頓語比較以爲例證，如：行，讀 yang<g'ăng, 謂即與愛斯蘭島及斯干的那維亞語裏 ga-nga（行，動詞）之義相等．總而言之，我們若要憑藉中國文字的比較研究而下結論，那必須從所有文字的系統中建設音義相同的原則來．這樣不待言喻的話，若諄諄對於博學謹嚴的語言學者，未免辭費，可是，經驗卻告訴我們，在種種進行方法上，除非於廣博研求之中具有謹嚴的眼光，則這個簡易的原則，是絕不能不顧及的．這層無論在何種語言學上總須得抬頭注意．至於研究親屬系的語言如伊達剌斯坎語(Etruscan)或巴斯克語(Basque)，我們以上所說的叮嚀語，或許可以放鬆一點；這或許是自然的，可不是應當的．而對於文獻極其宏富，語派極其繁複的支那語系，則上邊的話，便決定不能忽視．所以在這里，我們必須積極用嚴格方法探求其絕對可靠的結果．

第六章

上幾章所論是關於如何處理中國語言和文獻上很複雜的材料，我們已經明瞭了，我們研究的主幹，大部分以純粹的中國材料爲根據，此外則參以各種外來的材料：或外國文而譯自中國語者，或中國文而譯自外國語者。前者最重要的，就是那二大類由中國借入外國的文字高麗譯音(Sino-Korean)，日本譯音(Sino-Japanese)及安南譯音(Sino-Annamese)；後者則因佛教宏布於東亞，及中國政治勢力遠播於西域之後，印度及中亞細亞許多語詞，遂浸入中國的文獻裏，都是以中文譯成的。可是這兩宗材料都比較晚出，它們的中心時期在紀元後第五世紀至第九世紀，故其爲用，對於考證結果之佐助，與校正比較豐富的中國原有史料如韻書韻表反切及近代方言之類，並不見得多大。

但研究者，未必便以此爲滿意吧。他絕不能忘記在另一種語言學範圍中，關於研究借入語詞所獲得的可驚的結果，如在芬蘭語中爲我們保存着的古代斯干的那維亞語，使我們能知道這種語言在古代是如何的讀音，更使我們從別種史料上能將那種語言的整個的面目考證出來．於是他以爲：卽使在上古時，我們不能尋得這種漢譯外國字音或外國譯漢字音的材料，但無論如何總有一小部分的語詞散見於各史料中，或許可以作爲考證的資料，顯出一線光明．因爲中國內地旣無沙漠的隔絕，環繞於四境者，尙有許多獷悍的民族，於諸民族之間，中國向來或加以武力威迫，或施以懷柔政策．在高麗譯音，日本譯音，安南譯音以前，更爲古遠的各個時代，設中間全不留一些語言上的痕跡，那恐怕說不過去吧．這些讓我們從事實上來研究一下．

現在我們的思路，自然的轉向於這個有趣的中國東面的日本國來了．我們在這章中旣論到日本，那末我們便不得不展開這個繁複的問題，涉及日本語的淵源與他們的古史．在我們未探究日本譯音裏的中國古字以前，須得先對於日本語言的性質有個淸晰的觀念，而且要明白中國字何以會輸入日本的原因．

日本民族的來源與最古的歷史，說起來是很糢糊的・大概總是一種混合的民族，現在都公認這種民族是從海外各地移殖入於日本境內的・日本最古的神話——無疑的都是紀元前各種傳說所集成的反響——如今所存留下來的，祇有兩種，還是第二世紀時的產物，一種叫做古事紀，成於紀元後七一二年，一種叫做日本書紀，成於七二〇年・這兩種神話的來源，卻發祥於三個不同的中心地：其一爲本島的北部沿海，其一爲本島的南部沿海，其一爲極西南之日本羣島——卽九州島・就中以北部之出雲系及西南部九州島之居民爲最古遠・據日本的傳說，神武天皇卽現在日本皇系的始祖，於紀元前六六〇年由九州帶了一支軍隊而至本島，遂收其地爲領土，隨後這里便成爲古代日本帝國發展的策源地・

據這些傳說看來，可見日本民族在北部曾首先劃了一個歷史的區域，在西南島上又是一個區域，並且這些傳說又提示着北亞細亞的部落，曾有從朝鮮渡海而移殖於九州的・這些民族，必是互相融合而成現在的日本人，其後逐漸繁殖，其中自然也有被同化的蝦夷人在內・蝦夷人在古代必曾據有日本島的大部分，如今他們

雖然還未滅絕，但已經是一種殘餘的民族散處於日本極北部及庫頁島（樺太）而已·

爲要確定上邊所說的理論，我們須得參證於考古學，人種學以及語言學·至於語言學當告訴我們日本語是否與亞細亞大陸之任何種語言有關係，或與太平洋南方之諸種語言有關係，或是這兩方語言的混合語·這個問題，確是很難答覆的·

我們現在首先須得記着的，姑無論日本民族來自何處，總之，日本民族與他原來的同種人，至少已分離有二千年之久了·在這一個長時間中，各種語言都起劇烈的變化·至於論及日本語，所幸它是一種拚音文字——假名，如今我們能得確實地知道至少它在一千年前是如何的發音·但大多數的北亞細亞及南洋羣島的語言，我們所見到的，盡祗是近代字的形式，要想與日本字相比較，是絕無希望·更說到高麗語雖有許多學者捉着一些微薄的證據，以爲與日本語有密切的關係，但我們卻不知道究竟它在高麗通行了多少年代·當耶穌紀元之時，高麗爲許多小國所割據，我們對於這些小國的民族及語言所知道的很少·現在的高麗語是否在邈遠的古代已通行於這個半島，或由後來亞細亞別種部落遷入之後，纔輸入的，這個我們現在都不知道．但，若要認眞的探究，未必就完全絕望，不過這是一件困難廢時的工作罷了．我們須知關於東亞各種語言，必須從比較研究下手，把它們的母語參證出來之後，才可以明白它們相互的關係．關於南洋的各種語言，亦須進行同樣的工作，至少須把這許多語言中幾種主要語系的母語考證出來，如印度尼西亞（Indonesian），馬來尼西亞（Melanesian），坡里尼西亞（Polynesian）等語系．然後，我們才能以古代日本語，如現存於古事紀中者，與大陸及南洋各種語言相比較，那時，或者我們對於日本民族的來源這個問題有個圓滿的答案．

可是，在某種範圍內，現在語言學上已經把這個問題肩荷起來了．關於人種的爭論，我們不妨試作一個疑問：日本西南部的移民曾否爲中國人？最初由南方而移入日本的殖民，以九州爲根據地，此地與中國極爲密近，而且日本人與中國人同爲蒙古利亞人種，則可無疑義．一八八〇年曾有一位英國的支那學者派克（E. H. Parker）考證中日民族的親屬關係，他歸納了幾百個中國字，在他的意思以爲是與日本字相通的·不幸他的方法卻陷於錯誤了，因爲他引證的中日同音字，其相同的音質或過於薄弱，或竟爲偶然的符合，他的全部論證，曾經被一個著名的'日本學'者張伯倫 (B. H. Chamberlain) 重重下了一個攻擊，說他的論證實在靠不住·所以中日文字比較的研究，不幸給派克這麼粗疏的倡論，反而弄糟了，自此以後就行擱置了❶·

眞的，這個比較研究的時期，現在還沒有成熟，因爲以這種方法從事於研究的人缺乏中國古代語言文字的知識，沒有做過上邊所說那樣關於第六世紀中國語言的考證·到了現在，這種研究，卻大有成功的希望了·

這里我們不妨直截了當的把這個事實宣布，說中日兩國的語言大約是沒有關係的·舉凡文法的體系，語詞的組織，語詞聲音的形式等，其間差異之處，有如日本語之與英語·假如九州移民在日本語言發達的過程中佔

❶日人松村任三的那部大書 (1916)，體例與此相同，還要比派克的壞。

有優越的位置，又爲日本民族中一個主要部分，他們就不是中國人．但是這層並不足以阻止他們的語言中有中國語詞的借入，因中國文化的勢力，也含有中國語的成分．從第五世紀以來，日本初則由高麗轉入，繼則直接輸入中國的文化，在政治及社會生活上，固然受絕大的影響．但是在中國文化輸入之先，如古事紀及日本書紀中所言，日本也已經有相當的文化了．究竟這是完全由於內在的發展而來呢？還是因與中國交通而吸收了若干文化的成分呢？這卻是個問題．假如那時與中國交通果有這麽一回事，那末，在語言上或其他事實上總還有一些線索可尋．

大多數的著作者寫到關於日本初期史事時，爲要敍述的完全無缺，總要想到他們應當說及一些關於最早時與中國交通的可能，可是，他們說到這里，大多便中止了．如張伯倫，就是指摘派克的那個人，他曾發表一篇關於古代日本語詞的短文，舉了一些中日交通的例證，他共舉了六個字，在他似乎以爲可以證明這層關係了．但不幸其中有三個字在語音上的證權卻是不可能的；所以這個問題還須重新來討論過．

據現在文書載籍所記，中國文化傳播於日本的路線，初則由高麗而傳入文字之書法，古事紀及日本書紀上記述此事甚詳：謂一高麗學人王仁渡海入日本時，隨帶中國經典數種，以授其日本之嗣子，遂開日本文字之先河．此事，日本書紀記其年代大約在紀元後二〇五年．自然，日本也許更早便有通行的書體了，不過這一種是認爲有正式的文字之始．總而言之，從上邊所舉的記載中，很明白的顯示着日本流行中國化最盛的時代(第七世紀)，大部份的文物制度——尤其是關於物質的文明，都直接由高麗及中國傳入；就中以技術家爲最多，他們徙進扶桑諸島之後，便傳授其技藝於日本人．至於一般以爲中國人之徙入日本，統統由朝鮮繞道渡海，則我以爲未必盡然．縱或那時京都已成爲日本民族之政治中心，而九州島也必爲其根據地．因爲九州島上曾發見與中國交通最古的遺跡，即紀元後五十年時的一顆金印．與九州遙遙相對之陸地，即今上海一帶地方，猶之希臘南部遙對着西西利島，其間僅隔一衣帶水耳，由菲律賓而來的一股暖海流(日語所謂'黑潮' Kuroshio)向北而進，其勢甚猛，直衝九州島之南岸；中國之航海者常因離岸過遠，很容易被這股海流衝浮到九州來·所以無論如何，我們總有理由，說中國東南沿海一帶與日本九州島是曾有直接的交通 ， 而且較之由朝鮮而入日本，其時代也許還要古遠，似乎可說在紀元以前·

當中國文化勢力盛行於日本的時代，成千百的中國字便借入於日本語中，所以日本字彙中，所含日本音譯的漢字，佔極大的百分數·這類中國字既全數攙入成爲日本字彙中的所謂‘漢字’，應用時亦復按照其固有之意義，因此，卽在今日，雖曾因流行於日本境內而音讀容有所變更，然仍舊易於辨認，其與純粹之日本語詞，顯然大有區別·

雖然，果眞中國的文化在極早的時期，卽已輔助日本奠下它古代文明的基礎（其交流的路線，我剛纔在上邊論過），那末，我們也應當能於這類所謂純粹的日本語詞中，尋出一些直接借來的通行字，與往後日譯漢音的字迥然不同——則這類字很可以反映上古中國語的情形·

當尋求這類例證的時候 ， 我們決不可忽視一件事實：大凡一種語言借入外國字的時候，必將所借入的字多少變動一下，以求適應於它自己通常的音讀．這里，我也不必舉出我們斯干的那維亞的語言採用法蘭西語詞的例證來相比照，總之，由此種語言而注入彼種語言時，常用一種‘代音’(sound-substitution)的方法，幾乎成爲一個公例了．故在日本語中我們可以大體推測這種代音法進行的線索是怎樣的，因爲一方面我們祇須從較後的由中國借來的日譯漢字加以考察，他方面可從‘古日本語’的音韻淵源上推測，如古事紀中所保存的材料皆是．這樣，我們便發見以下諸端：

(1)日譯漢字音，都不帶 -p, -t, -k 的收音，但必有個元音附從於後．故漢字 puk, 日譯漢音則變爲 puku; kat 則變爲 katu; kiet 則變爲 ketu 或 keti; kap 則變爲 kapu．這類例證的差異性，在芬蘭語中正成一個顯著的對比，所以現代瑞典語中借入的芬蘭字，也同樣的有一個附從的元音連接後面，如瑞典語 kräm, 則變爲芬蘭語 rämi, 等．如今我們試一研究古事紀中最古的日本語，竟沒有一個字的收音爲僕音的，所以我們敢推斷每個中國字的語尾僕音之後必有一附從的元音．比較典雅的漢字日譯，其收音只用 i（在舌前元音之後）及 -u （在舌後元音之後）；但，我們決不能便以這樣一個科學的探究來應用在普通日譯漢字的身上，我們還須從現存的元音中尋出一些變異來，例如：

$$kak\begin{cases}a\\i\\e\\u\\o\end{cases}$$

（2）現在純粹的日本字中，語首的帶聲爆音 b-, d-, g-, 乾淨的沒有了．誠然，如今我們考察日譯漢字的吳音，雖不是這樣，但古代中國語的 b'-, d'-, g'-, 也都改譯爲 b-, d-, g- 了；這層我剛纔說過，祇限於典雅的字，爲一般文人所借入採用的．至如在極早的時代，漢字 b'a ，在極通俗的日本口語中，借入時，便自然而然的將 b'a 變而爲 pa 音了，這是因爲最初那譯的人在他自己的語言中，祇能說 pa 的音，而不能說 ba 的音．因此我們推測漢字 b'a 音，日譯則將爲 pa, 諸如 d'a>ta 等亦然．

（3）在古日語中幾個僕音的連接是不可能的．僕音羣統統已被單純化了．如中國語的 klam, 必轉變而爲 kam 或 ram （l 音在日語是沒有的）；猶之瑞典的 kräm 轉變而爲芬蘭語的 rämi 一樣．

(4)中國語音中 i 與 u 接聯其他元音應用的極多，但在日譯漢字中，則常被棄黜不用，如：中國古音的 ki̯ät 日譯漢音作 ketu,ki̯u 作 ku, tuân 作 tan ．復次，有祇是 i 或 u 還保留着，而其他元音失去了的，如：中國古音的 ki̯ĕn＞日譯 kin, ki̯uə̯n＞kun——諸如此例，都是在借入時自然而然被單純化了的．

(5)有些元音爲中國所有而日語所沒有的．此類元音，日譯漢字便以其他相近的元音譯之，如：ɐ（即英語 but 裏的 u 音）日譯作 a，å 作 a 或 o，ə 作 o，例如：中國古音 bɐk＞日譯漢音 kaku, kåk＞ kaku 或 koku，kən＞kon．

上列幾條公例是從日本語中顯著的事實歸納得來，記着了這幾條公例，再拿一些我們所認爲古遠時代借入的字來考察一下．我們首先把張伯倫氏 (Chamberlain) 因音義的關係，認爲係從中國借來的兩個日譯漢字來說：

日本音　　　　北京音

uma	＝馬	ma
ume	＝梅	mei

關於後邊的一個字，其音相同，不過是偶然的巧合．北京音的 mei，其實是從第六世紀時的 muâi 音演化而來，而 muâi 絕不能變爲 ume，其理甚明．但是，我們有理由可以知道在紀元後的幾百年間，中國有一部分地方與九州島遙相對的，‘梅’字的音，並不讀爲 muâi（華北則讀此音），而讀爲 mue（正如 Caesar [kaisar] 之轉變爲 Cēsar 一樣），這個例證，正可以解釋日語 ume 裏的 e 音．至於 uma，ume 二字的 u 音，則這里自無須加以解釋，但我可以說——其理由我不能在此論列——中國古音 m- 原是用圓唇讀如 $\overset{u}{m}$a，$\overset{u}{m}$ue，這層是在日譯漢字中反照出來的．

日本今音	日本古音		北京音	中國古音
ie	ipe	＝邑	i	i̯əp
sato	sato	＝室	shï	śi̯ĕt＜śi̯ăt

在這類例子中，我們發見有附從的元音 e 和 o，而在前例中，i 音仍舊轉譯，而 ə 音則落去了；在後一例中，i 音落去，而 a 音仍舊轉譯．而這兩字的意義，亦

有所變動．i̯əp 的本義乃二十四家爲一邑，由此而推廣其意義，以指一切‘城市’‘村鎮’． si̯ĕt 一字則不然，其本義爲‘家’，但因普通大家族的宗法社會的習慣，每每爲了宗屬的關係，便把此字的本義，推而廣之，凡是同一血統的世族，即可以稱爲‘室’，故‘室’字又有‘家族’的意思．至於日語之sato（英語 village 之意），大約只限於表明一種宗族的居留地．尤有進者，我們必須記着：凡是借入的字，往往將原來的字義，加以改動的，最好的例：法文的 bureau，本義爲‘寫字台’但一入瑞典語及英語裏，意思就變爲‘抽屜’了；‘抽屜’法語爲 commode．

最古日本表示房屋之名，亦采用中國字，說也奇怪，那字的本義，却爲‘建樹一座牆’便是：

日今音	日古音		北京音	中國古音
tsuku	tuku	=築	chu	t′i̯uk

至於房屋之圍以籬牆者，則爲：

日今音	日古音		北京音	中國古音
kaki	kaki	=槅	ko	kɒk

要是那時是中國人來指示建築，則分擘木材之名，

大概是：

日古音	日今音		北京音	中國古音
saku	saku	＝析	si	si̯äk<si̯ak

更有關於房屋的一個字：

日古音	日今音		北京音	中國古音
yuka	yuka	＝閾	ü	i̯ʷək

這里，不免要發生疑問，以爲 floor 與 threshold 本來不是同樣意義的。可是，我們須知道最早的時候，日本的房屋大概都沒有完全的地板（floor），所以 yuka 僅是指一種設在牆邊的木製的脚櫈。此字本應解爲‘sill’（門限）英語的‘sill’顯然的不僅是指‘一條橫木置於牆基者’而仍有‘threshold’之義，（與德文之 schwelle 相當），有時亦作‘floor’解，（參閱牛津英文字典）。所以日語的 yuka 卽中國古音的i̯ʷək，其音義相通，確是顯而易見的。

此外還有兩個物質文明的字，是關於‘絲’和‘米’的，據我的推測，原來也都是由中國借來的：

日今音	日古音		北京音	中國古音
kinu	kinu	＝絹	küan	ki̯ʷän

(ine) sine =秈 sien siän

日譯之附從元音爲 -u 和 -e ，而 i 音則用來替代其他的元音．kinu 與 kiwän 爲同音，已爲派克氏 (Parker) 所論及．日本普通稱‘秈’爲 ine,但在古事紀中另有一個倒置的拼法 sine, 可知 ine 也許是後來蛻變的形式．我們還有一個可能的推測，有個本是中國字的語根，而日語之義則爲‘蠶’，日本今音讀 kaiko 古音讀 kapi-ko, (ko 爲‘子’之義，動物之幼小者)，大約也是從中國字上借來的，列舉於下：

日今音	日古音		北京音	中國古音
kai	kapi	=蛺	kie, kia	kap, kiep

那末，kapiko 之義，分明應爲‘蛺子’即‘蝴蝶之幼蟲’．然而這里却發生了疑難，‘蛺’字，中文之義通指‘蝴蝶’而言，至於日本所謂‘蛺’則專有一個特別的名稱，即‘蠶’字；所以我們要在‘蛺’字的音讀上，求二國古音的相同點，必須極其謹愼，（因爲‘蛺’字在廣韻中是讀爲 kiep, 但有許多方言裏，例如廣東音，便很清楚地表現着一個 *kap 的古音．)

還有兩個關於植物的字，是從中國借來的，又有一

個植物學上的名辭，在這里至少也有討論的餘地·

日今音	日古音		北京音	中國古音
take	take	＝竹	chu	t'i̯uk
mugi	mugi	＝麥	mai	m^{w}ɒk
sugi	sugi	＝松	sung	zi̯ung

我們看 take 與 t'i̯uk，僅是讀音上有點相似而已·然而我却很難相信，‘竹’是東亞最易繁殖，可以爲各種製造用的植物，而在最初由中國傳授於日本的時候，竟沒有說到竹的各種功用，所以 take 與 t'i̯uk 二音都共同一個字·我們要知道 t'i̯uk 乃第六世紀的中國古音，則日語 take 的形式，也許可以啟示我們在若干世紀以前，這字的音讀裏原有一個較開口的元音·

至於 mugi 與 sugi 二字，其收音同爲 gi，這個音在日本字中，凡樹木植物之屬，大概都以它爲收尾·-gi 就是 ki（木，即漢語之樹，）而帶有洪亮之音，即日語所謂 nigori（濁音），所以變爲帶聲僕音 gi，如 yane（屋根，即漢語之房頂），yanagi（柳)等·張伯倫氏指出 mugi 與 sugi 兩字裏，我們以爲這 -gi 音的解釋頗爲確當·所以我們須認清這類字都是由複合字縮短的形式，如 muku-gi 之於 mugi, sugi-gi 之於 sugi·後者必須以 s- 音代 z- 音，因 z- 音爲純粹日語上所沒有的；同樣，以 -g(u) 代 -ng, 因 -ng 音亦爲日語所沒有的，二者均適合於語音替代的規律·這里，尤須注意， sugi （松）一字，正如張伯倫所言，也許可以溯源於 sugu （直）一語根，即複合字的 sugu-gi （直木）·

由短促的洪亮音 p, t, k, 變而爲 b, d, g, ，在日本語言中，是常見的現象·我們或許可以引下列兩個關於物質文明的字來解釋，此二字亦疑心是借入字：

日今音	日古音		北京音	中國古音
togu	togu	＝琢	cho	t'åk
hagu	paqu	＝剝	po	påk

上二例中，都變爲洪亮音了，最普通的現象是它們都有動詞的語根·也許琢磨寶石的技藝，原是從中國大陸傳到日本去的；而皮革事業及其製法，想來亦是如此·

此外，煑海成鹽的事業，在中國古代已很盛行，或許亦由中國而傳入日本·直到如今，日本猶沿用此法如中國沿海一帶的情形，即於海邊圍池貯水，以成鹽池．據此，我們試來推論下列的一個同音字：

日今音	日古音		北京音	中國古音
shio	sipo	＝溼	shï	śi̯əp

再有兩個關於行政上的字，派克氏說這二字音義相通，是很確當的：

日今音	日古音		北京音	中國古音
kuni	kuni	＝郡	kün	gʿi̯uən

這里我們祇須應用我們上邊所訂的語音替代律，指明其音變就够了，（卽 -i 爲附從音，中國古音的 gʿ- 日譯則變爲 k- ，其中祇有一個元音是照舊的．）

此外，在家庭用具中，我們發見了兩個極可能的例子：

日今音	日古音		北京音	中國古音
fune	pune	＝盆	pʿên	bʿuən
kama	kama	＝	kʿan	kʿâm

在晚的後日語中， pune 之義，純爲‘船’，而譯漢字‘盆’之義時，最足以表示其形狀者，則莫如‘船’字，蓋東方之盆，其狀如船也；而在古事紀中， pune

之義，實爲‘盆’，所以這個例證中，二者的音讀是很一致的·至於 kama 一字，頗覺難說，因爲中國古籍裏，實在尋不出一個眞正通用的 k'âm 字·但是，這個流傳很廣的通俗音 k'âm，古時是必有其字的，遍考各韻書所例，凡發作 k'âm 之音而具有此種意義的，有：‘坩’，‘坻’等字，可知中國各種舊籍中都有 k'âm 音的存在·上例因爲缺少這個古字，所以各依其音讀而並列之·

我們再回頭來看農業方面的名物，發見了一個有趣的例證：

日今音	日古音		北京音	中國古音
kama	kama	＝鐮	lien	li̯äm

這個音義相通的字似乎可以大膽的斷定了·但是，從事實上說來，中文‘鐮’字乃由‘兼’而得音，‘兼’古音 kiem，可知此字已失去了一個 k-或 g- 音，所以 li̯äm 必自上古之 kli̯am 或 gli̯am 演化而成，（或從 klam 或 glam，也是可能的），現在根據我們的語音替代的原則，知道此字日本古音爲kam/a，便可以明白這兩個字的同音了·這個例證，我覺得是我們所舉例證中

最有趣的·

假使來到日本的中國人有指授農事的，那末這個關於農時的名詞，當亦傳自中國，固不足異：

日今音	日古音		北京音	中國古音
natsu	natu	＝熱	jê	ńźi̯ät<ńi̯at

這個音義相通的例證，是派克氏提出的·

我所舉出的這些字中，都有一種日本語的形式，與後來之日譯漢字的發音狀態完全不同·至於這類字，何時始由中國傳入日本，那自然很難說定 · 其中有些如 uma（馬）與 kuni （國）等字，其傳入時期，大約很遲，遲至在華化時代之初期 ； 所以這類借入的通俗字，當與最早的日譯漢字同時並行傳入·其他許多字則傳入很早 ， 例如 sato （村里之意）之音，等於中國古音的 śi̯ĕt<śi̯ăt, natsu（夏熱的意思）＝ńźi̯ät<ńi̯ăt, 以及 kama（鎌）＝li̯äm<kl(i̯)am 或 gl(i̯)am ，大抵都在中國語音發達過程中最早的時期傳入日本的，至於末了的例，也許遠在紀元前之時·

上文我已經很詳細的說明別種語言與中國字比較研究的種種困難了·我已指出，我們因有許多很顯明的古字做憑藉，從韻書裏去尋求，幾乎可以把任何簡單的外國字（按係指日本，朝鮮，安南諸國，）來與中國字相較，以見得它們之間音義相同之處．而尤足以使學者滿意的，便是遇見中國韻書中最不常見的字．我在上邊所舉的那些比較研究的例證，其立脚點不能認爲薄弱；其中除了 k'âm（坩）字之外，——此字在文獻上的證據似乎很少，但在古代分明是一個很通行的字——所經討論的字，都是古代中國語裏最流行的，而且大多數是字彙中很緊要的字．至若日譯漢字之見於古事紀者，則都是後世的日本語中最通用的．凡所舉例，皆爲具體之物，與物質文明有關係的；像這一類的字，大多能給與我們對於日本語的考證以良好的立場．其有例外者如 take, t'i̯uk, 二者音讀相同，從語音替代的原則去觀察是很可以滿意的；似乎我們有了鞏固的立場，可以說有證據了．但是我現在還未曾做到這種地步呢．此外在論證的路線上，還遺漏了一個重要的連鎖，這是我在上面未提及過的；這個缺陷我此時不能加以補充，而無論那個語言學者卽刻可以察覺出來：我們如果要求得絕對的證據，必須表明絕對沒有他種語言是具有如中國字或較中國字爲適宜的情形，以解釋古代日本語的．這里且舉一個例，以表明我的意思．

這里舉一個普通的中國字，官話讀 hiung（熊），其音蓋由第六世紀時之 γi̯ung 演變而來，至於 γi̯ung 則爲一個更古的 gʻi̯ung 音之轉變，這是我所能證明的．此字既由 gʻi̯ung 音演變，也許可以與一個上古音 gʻi̯um 相通．假使紀元前，上古中國音中有這麼一個形式，那末，按照我們所知的中國語的代音律，這個音必定因異化作用，變爲gʻi̯ung,蓋一個唇音的收音 -m 連接於雙唇的主要元音 -u- 之後，是絕不可能的．與此例相同的，還有一個‘風’字，在紀元前音讀爲 pi̯um❶，隨後也是由這種異化作用，變爲古音的 pi̯ung 了．而‘熊’字在紀元前，音實爲 gʻi̯um, 並非 gʻi̯ung ，這是可以從汕頭方言中見得的，汕頭音是現今中國方音中最古遠最特殊的．那方音中‘熊’讀爲 him ，至爲可貴，因爲它還保存着這個上古音的 -m ．日語‘熊’讀爲 kuma ，這里我們不妨再立一個表式如下：

❶此例便可以用‘風’的表音字‘凡’來證明的，‘凡’古音讀 bʻi̯wɒm ．故在詩經中此字嘗與具有 -m 收音之字叶韻，

日今音	日古音		北京音	中國古音
kuma	kuma	＝熊	hiung	γi̯ung<gʻi̯ung<gʻi̯um

此例正適合於語音替代的原則，而其字義又很明顯，很具體，蓋熊皮之爲用甚廣，爲商業上之銷售品，所以我們容易推想這是一個借入的漢字．這里我們要提到朝鮮了，在紀元後幾世紀之間，朝鮮爲日本海盜所蹂躪，故其語言中亦可以看出與日本語有許多關係．朝鮮語呼‘熊’爲 kom，日語爲 kuma, 二者或是同出於一個語源的，或是中國字借入朝鮮再輸入日本的，這個說法較之以漢字 gʻi̯um 借入日本更爲自然．說到這里，究竟日語的‘熊’音，還是原於中國的 gʻi̯um 呢，還是朝鮮的 kom 呢，這是一個須待將來解決的問題，固然不能作爲偶然的遇合看待；而對於研究日本借入字的問題，並無關係．不過，我們看出語言學者在這里所處的境地是怎樣的危險，若是要避免這些危險，祇有將與日本語相關聯或同系的各種語言都加以周密的研究；這層重大的工作，尤有待於‘日本學’者——我在上面所舉的例證，自然祇是一斑，還有許多例證，皆可由此歸納得之——我現在只能說關於中國借入日本的語詞，

就我個人思考所得，不過是一種假設罷了，我以為其中所舉，至少有些音義相通，是很有意思的，似不能遽謂為牽强之論·

假如我們由亞洲東方移轉視線於其北方及西北方，試看突厥民族的語言，有什麼蛛絲馬跡的字可尋否·突厥民族與中國發生了關係，較紀元後一千年間中亞細亞諸國與中國交通頻繁的那個大時代，還要早許多年，那末，我們的立脚點愈加穩固了·中國歷代史籍中，自紀元前第一二世紀以來，我們尋得幾個匈奴的字，以漢字譯成的——匈奴，就是突厥的祖先（今之土耳其）·茲舉一例：二十年前有一位美籍德人精通漢學，名夏德（Fr. Hirth），他指出紀元前四七年來一條有趣的線索·卽匈奴王與漢和約以‘徑路’(king-lu) 撓酒，盟誓踐約，‘徑路’卽刀之意·據夏德的考證，king-lu 古音為 king-luk，其音恰與突厥方音中之 kingrak 相同，其義亦為‘刀’·此說曾有人提出反對，以為‘路’(lu) 字絕沒有個 -k 的收音，這個正是夏德氏的發見·我們知道在中國南部的方音中，尚有存留着 -k 的收音，但廣州方音則‘路’為 lou，沒有收音 -k，據我們考得第六世紀時的語言，則 king-lu 爲 kieng-luo．雖然，此並不足以搖動夏德之說．因爲‘路’字的音讀是很明顯的，我能推斷在紀元前時代，此字原有一個 -g 音，（參閱上文頁一二二），那末，kieng-luog 之等於 kingrak，其演化之跡，固甚彰明．

現在我還未把中國文獻中所記的古代突厥字，立一個表式出來，但總想舉幾個例，以爲說明之資．這里，我且試行探究一個字，這字已爲語原學家討論過，其源委頗複雜，牽涉極廣，也許全世界都有關連，不亞於中國的‘茶’字．

在通行的辭典中，我們試來尋求這 arrack 一字，我們曉得此字亞禮(Yule)在他的 Hobson-Jobson 大辭典中說：出自亞拉伯字 'arak，本‘汗液’之義，原來似指‘排洩之汁液’，‘由棗樹所吸取之汁漿’，其後便廣其義以爲‘烈酒’之名．據謂此字由亞拉伯而轉變爲各種形式遍及於叙利亞，埃及，印度各地，以及東印度羣島（馬來語爲 arak），如今在各種歐羅巴語言中竟成爲一個新近借入的字了，在美洲亦復如是．可是，這些解釋都沒有將此字在時間或空間上廣播的勢力，解

說得詳盡正確 · 事實上現在還能尋溯於一個最早的時期，較之亞拉伯的文獻尤爲古遠，那便是中國古籍中所載的匈奴語了·漢將軍李陵失身匈奴之後，曾於紀元前十九年寄書於其舊友蘇武，其中有一個‘酪’字，古音讀 lâk（由上古音 glâk 轉成的）——因中國古無 r-音，所以 rak 須轉爲 lâk ·然則所謂酪 (lak) 漿者，實卽一種强烈的乳質飲料，後世所謂 kumyss 也，這個字不知何時傳入中國，如今這個‘酪’（北京音 lo ）字，久已廢用，故在一般載籍中，久已不當他活的語詞看了，但，此字在北亞細亞全部，通是用爲‘烈酒’之名·羅得諾夫 (Radloff) 在他的巨著突厥語辭典中，曾顯示我們關於此字的各種形式：如阿爾泰 (Altai) 方言，忒留 (Teleutic) 蘇格 (Sagaic) 卡遵 (Kazan) 塔布爾 (Tobol) 克里米亞諸方言中之 $arak_{bl}$ ；阿斯曼利 (Osmanli) 語之 rak_{bl} ；不特此也，還有爪庫 (Jakutic) 語之 $ar_{bl}k_{bl}$ ，滿洲語之 arki；再，此字在西藏語則爲 'a-rag ·然，猶未盡也·就是在日本語中，此字之傳入，爲時亦甚早，日語讀 sake，我們若拿語音替代的原則來考驗此字，這是一個多麼有趣的例證·在古事紀中所載之字，通常字首除了 p-, t-, k-, m-, n-, s- 之外，就沒有別的僕音了，而 r- 的音，則在日譯漢字傳入之後始有的．故當時日譯 rak，須轉變爲 sak，再加以一個附從元音，只取它近似的音，所以會轉成 sake．

關於此字的考證，還可以從蝦夷語——這種語言之傳入日本，遠在日本有史以前——中得一個有力的證據．蝦夷語也有此字的存在，其音式爲 arakke，足以表示此字決非由日語傳入蝦夷，乃是從他處傳來的．這層我們可以自 arak 這語根上看出，rak- 一音，原爲一中亞及北亞細亞的字，在紀元前已通行於極東的各民族間，轉入於中國語，再由亞拉伯而遍傳於全世界❶．

❶其詳可以參看我在 Deutsche Litteraturzeitung (1926) 中評孔好古(Conrady) 的 Alte westöstliche Kulturwörter 一文．

第七章

好像蒼涼荒曠的古境中，巍然聳峙着一座莊嚴的華表，那倒影普映着東亞全部的文化，雖然是一片殘敗的墟址， 而那華表却依舊完全保持着它的尊嚴， 這便是中國文字與書籍上所表現着的中國的精神·中國的文化與書籍爲億萬生靈深深地敬愛着，佔得這麼一個强固的地位，除非是絕大的能力，休想把它動搖· 雖然，後之人也許可以推翻這陳舊的中國文字 —— 如今還活着哩——從東亞中部那個巍峨的高位轉落下來，而擲做博物院裏的古董，當過去的紀念物看待的·或者這個破壞的力量，在今日中國正在努力邁進，改革的聲浪，釜翻鼎沸，高呼着要如西洋的語文一致，采取簡明的方法，就是一般出版界，也都爭相附和，要打開現代平民化的一條大路徑出來·

我們時常在西方的報章上，見到一些新聞，現時中國人已經創製了一種音標的文字了；這樣一來，他們才能將那陳舊的表意文字改絃更張，至少要與我們一道並駕齊驅．然而，我們不禁感想到：‘好呀，這已是時候了；這樣一個極不務實的民族，怎麼從前不會想到這層呢？’

可是，那個淺見寡聞的西洋人，聽到這種消息時，他總要很肯定的說，現在東亞——當然不是單指中國，日本亦是在內——已經現出大危機的朕兆，而且這個危機，現在已經開始了；就是這般强大的文化勢力，將互相緊切的掙扎着，以後不知要牽延到多少歲月，結果是很難斷定的．我們這里且簡略地把這個繁複的問題敍說一下，先論日本而後及中國．

日本之吸收中國文明，為時已久，而尤以第七世紀以來為盛．我在上文曾說過，日本曾借入大批中國字，再加以中國的書法．那眞是一個文化上偉大的贈品，為中國所賜給日本者，那時日本還沒有文字；但是，這個中國的贈品，日本人沒有才能把它使用得很巧妙　很有組織，反而成了一種不可解脫的羈絆了．其結果，致使日本文字極其繁複，不易應用，為世界上所罕見．其拙劣較之中國文字爲尤甚，因爲中國文字很有組織，意義不易含混．從許多地方看來，都是很優越的．

當初所以走錯路的原因是怎樣的呢，原來借入的漢字，是由中國兩個不同的區域傳來．所以日本語上也有兩種不同的音譯．譬如同是一個中文‘平’字，中國古音 bʻi̯äng，然自中國南部傳來之日譯‘漢音’(kan–on) 讀爲 pegi，不久變爲 pei，最後則變爲 hei；至于從中國東部傳來之日譯‘吳音’(go-on)，則 bʻi̯äng 便變爲 biagu, 繼變而爲 biau, 今同爲 biō 卽以這個‘平’字而論，在日本便有兩種譯音，卽 hei 與 biō 兩種讀法，在這一語句中是用這個音讀，那一語句中又須用那個音讀，各種不同的情狀，你都須得分別牢記在心．不僅此也．日文中不特對於借入的中國字用中國文書寫，而且又把中國文應用到他們純粹自己土產的日本語詞上；因爲這類語詞，在那時以前，沒有書寫的文字來替代，所以中國字的‘平’， 也用替代日本語詞的 taira, 意義全是一樣．可是還有一個字(與前者有親屬關係) hira, 其義亦爲‘平’，也寫做中國字的‘平’． 你如果讀日文書籍，遇着了這個‘平’字， 你總說不出此字之音，究竟一應當讀爲 hei 或 biō 或 taira 或 hira！你一定對於日語很有經驗，讀慣了這個字的語句，才能知道它當如何讀法·這樣，所以同是一個字，除了幾種日譯的音以外，常有一大串日本原有的音讀·換一方面說，假如我們任意在純日本語詞中尋一個讀如 hada 的字，這個作者曾把它譯爲漢字之‘肌’(中國音讀 ki)，而那個却把它譯做‘膚’(中國音fu)·或同一個作者，在某處用‘肌’字，以表 hada, 也許隔不了幾行在同一頁紙面上，却又用‘膚’字來表 hada 了·祇要依據一個觀念出發，有許多同義的中國語詞，便有許多中國字來代表它們，可是，一個日本語詞表明這個觀念的，我們看，便可寫出一大串不同的中國字來代替，隨着寫者的喜歡來采擇罷了·

但，還不止這樣呢，有時不單是用許多同義的中國字來替代單個的語詞，而是幾個語詞合成一組的，日本文中也不用一個一個相當的中國字寫出來，只是隨意的翻譯罷了·例如日語 ha-dome, 其意爲‘停止車輪迴轉的機器’，有些人把它寫做‘齒止’，有些人則寫做‘制動機’，雖說這是用漢文譯成的，實在與構成這語詞的語根不相符合，因爲 ha 爲'齒'，而 tomeru 爲'止'．有時候我們覺得這種結構法，頗有點滑稽，而大多表現得很恰當，例如：urusai 一語，意爲'可厭的，煩累的'，是眞正的一個日本土語，而他們却把它譯成三個漢字'五月蠅'（這是照依中國歷法，以五月爲夏季的中期）這描寫'討厭的'事情，極其眞切别致．但是把這個純粹的日本形容詞 urusai 來譯成漢文'五月蠅'三字，實在是個任意的翻譯．

日本語與沒有形式變化的中國語，是絕然不同的兩種．日語動詞的形式變化有很豐富繁複的系統，因此中國文字不能適用於日本語，故當第九世紀時，日本已創製了一種拚音文字，即所謂 kana（假名），共有五十個音符，以代表日語的各種音素，如カナ ka-na（假名），ヒト hi-to（人）等．此五十個符號蓋由中國文字分解而成，在日本語上用爲純粹的音符，如カ實自漢字'加'字而來（加，中國古音ka）等等；並且爲便於應用或悅目之故，又將假名分爲二種寫法，即'片假名'（kata kana）與'平假名'（hiragana），有點像西方德意志文與拉丁文之字母的變形一樣．這種假名大都爲表明語尾及助詞之用；至於一般複合字，實體字，形容詞，動詞，副詞，無論是純粹的日本語或日譯漢語，照例都是寫做漢字的，至其寫法絕不能與漢語符合，正如我方纔所述的情形·但是，因爲漢字的音讀極其難認，對於一般社會的印刷物，如報章雜誌等，便在漢字的右邊注以細小的假名·這里且舉一例，以羅馬字母代假名的符號：

ka　　今 i ma

ra　　wa

出 de　　雨 a me

ma　　ga

se　　降 fu

n　　ru

其讀法爲 ima wa ame–ga fur–u kara de– masen·直譯爲'今雨降，故不出'·

這里，要是留心觀察，便不能不問：日語旣已成爲一種系統的拼音文字，原是極有功效的，不特可以表明其語尾與助詞，而且還可以標出主要語詞的音讀；那末，他們爲什麽不擺脫漢字的羈絆，完全的采用假名，或祗將普通字都轉變爲假名呢？

那是顯明的事，這樣一種改革，在未成立以前，是要碰着强烈的反對的，爲什麼呢？一切因襲的傳統心理，絕不趨於一致，且此種文字書寫的習慣，已流傳有一千五百餘年；假使後代的兒童完全用拼音文字，則對於古來的文書載籍，將全不能認識了．卽使在西方諸國，我們見着，有人倡議改革不很重要的拼法，還引起劇烈的反對哩；如英國人要略爲修正一些微細的英語拼法，尙且覺得不能做到，試想在日本，要把這種文字純然直接的改爲拼音文字，眞是何談何容易．我們還須記着，自另一方面言之，其環境亦絕然不同，以日本現在的情勢而論，實在承擔不起這種改革，不能與西方任何國家相提並論的．一種改革的發生，實在沒有抽象的規則，只是依據心理上的需要．自然，把日本文統改爲拼音文字，勢必過激，引起反感，終或無從實現，何況又非必要的呢．那簡單的平假名系統，對於日語的音讀的組織，非常適合，此外尙有少數音標，外國人習之亦容易，若從國際的眼光觀之，正如俄羅斯與希臘的文字一樣．假如言語上可以容許，簡直就完全學習假名的音讀，也未嘗不可；但是我們曉得這在事實上是很難做到

的·

其最大的原因，還不僅是心理的問題，却另有所在：假使日本語完全用音標的原則寫出來，或用假名，或用拉丁字，我們能不能了解呢？這里，我們不能簡單的置答·我們必須要先把構成這種語言的兩個原素分別得清楚才行，即純粹的日本語與日譯漢字是也·

前者固可爲音標的寫法，無容多論·日本語是一種多音綴的語言，各個語詞極顯明，極易辨別的·誠然也有些同音異義字，但，較之西方各種語言中，也不見得很多；且其假名儘可以把這種字的意義辨別清楚·同樣，在日譯漢字中也有這種少數的同音字，如niku(肉)一字，現在已經混入日常口語中，與純粹日本字簡直沒有區別·假如提倡改革日語拼法的人，展開眼光來看這個事實：廢棄漢字而完全代以純粹的日本字，及日用上完全日本化的借入字，是可能而易於辦到的，則日本文字上惡劣的障礙，將一掃而空之，那末，學習的人自然只學許多漢字，一個漢字也只須學兩種音讀(漢音與吳音)，不必如現在這樣，再要學這個漢字上許多附加的純粹日本音讀了；而現時以兩個以上的漢字代替一個純粹的日本語詞，種種混亂之處，也一樣的完全消滅了．我們也可以避去在日本書籍中所見到的文字，究竟當讀爲日譯的中國音，還是當爲純粹的日本音，種種疑混了．總而言之，我們學習日本文所遇到百分之五十以上的困難，若能經此改革，都可以盡行打消，這樣，此種改革，今日是應當可以做到了．

如是，固然很好．但猶未把穀中粃糠盡行除去．日本的口語——使聽者卽刻可以明白的——中，純粹的日本語詞，或已完全日語化的字，實在佔其大部分，所以每一語句，都可用音標的假名或字母寫出來，無論閱讀，都能了解．可是，這麼一來，這種文體至少變了謹嚴一點，或敍述一些抽象的觀念，或增加許多文學的典故，或如報章雜誌的文體，則語詞的實質，便卽刻可以變更．至如那一種繁重的日譯漢字，這實在令我們極感着煩難．誠然，這種字也可用假名字母寫出來的；不過這種字大多取於中國古音，而同音異義的字已經很多，以至日常口語爲便於領會，不得不與文言分道揚鑣，此其故，我們在上文已言之；因此，日譯漢字中，當然也有同等的情形，如語音貧乏，同音字甚多．而事實上其困難更有加劇者，蓋在日本地方，一半既爲借入字音，而一半則自若干世紀以來，借入之音，復有所演變，所以有許多音綴，與原來的中國古音已發生差異，而與現代的日本音讀相接近·例如：

中國古音		日古音	日今音
tsi̯äng, tsʻi̯äng, siäng	已全變爲	siagu>siau>	shō
tsi̯ang, tsʻi̯ang, si̯ang	“　”	siagu>siau>	shō
tśi̯əng, tśʻi̯əng, śi̯əng	“　”	siogu>siou>	shō
tsieu, tsʻieu, sieu	“　”	seu　>	shō
tsi̯äp, tsʻi̯äp, si̯äp	“　”	sepu>sewu>	shō

從事實上考究起來，的確是這樣的，北京話裏至少有四百二十個音綴，可以分配好幾千字音，而且更有四聲加以區別，然而日譯漢字還不到二百五十個音綴，須要分配至少三千個單獨的借入字，這類借入字，都是在極簡單的文體上最流行的·有一部小字典，其中共有三千個日譯漢字，我便發見有七十個字音都是讀爲 shō的·誠然，假名的拼法，是很有保守性的，它可以區別許多在音讀上已經變爲相同的字，所以這七十個發音爲 shō 的字，有二十九個便寫做 siau，十四個爲 siou，二十四

個爲 seu, 三個爲 sepu: 可是，如果祇憑聽覺（或祇憑假名字母），要想把這些字分別淸楚，那是絕對不可能的，這種情形或者較之中國爲尤甚．我承認這類同音字，大多見於複合字中，尤以二字相合的爲最多；但是因爲現在變爲同音的音綴， 實在很多， 連複合字中也發生了極多的音同而義異的了，所以靠此也不足以資區別．例如：有一本最通行的日本字典（井上著），便有十二個不同的複合字，讀爲 shō-kō, (漢字各異)，四個不同的讀爲 sho-kō, 七個不同的讀爲 shō-ko 等等． 換句話說，通常日本書籍或報章雜誌，其中日譯漢字常佔極大的百分數，如果不藉視覺的幫助，也是讀起來不能懂得的．所以日本書藉，不能祇用拼音符號，必須把漢字寫出才行．

據此，又須引出下面一個結論了：日本文如果想擺脫中國古文字的羈絆 —— 它像夜神一般，把那文字的天幕掩蔽着整個的日本，所以除了那些已經相當的同化於日常口語之外，他們必須盡行拋棄一切的日譯漢字才行．但這個嘗試，曾經做過沒有呢？有的，不過現在還是萌芽時期，波圈雖不大，可是，正在向四圍進展，如近來出版的一種季刊，叫做‘羅馬字’的，便極力從這方面鼓吹·但這個傾向，在最近五十年中，不特未曾發展，而且往後倒退呢·自一八六八年，維新以後，與西洋文明相接觸，於是便產生了許多西洋思想的新術語，或屬普通的，或屬專門的·此等新術語不下萬數，日本人都把它們譯出， 可是又誤入歧途了· 他們對於這許多外國字， 尤其具有希臘拉丁文形式的， 並不照着西方語上的音讀去譯； 如 ‘absolutism,’ ‘democracy,’ ‘substantive,’ ‘phonetic,’ 或 ‘Velocipe,’ ‘telephone’ 之類， 他們都不照音譯， 恰如現在的德意志人喜歡說 ‘Fernsprecher, Schnellrad’ 等一樣·這固然很好·可是，他們翻譯這許多字，並不用純粹的日本的語根，應用日本語根， 雖然要粗俗冗長一點， 可是比較清楚得多了；他們創製西洋術語的新字，却用那簡單的日譯漢字，於是漢字之對於日本語，正如希臘拉丁的語根對於西洋創造新術語，有一樣的情形·例如英語 stearin 一字，日人譯爲‘硬脂’(kō-shi)·但是，在日譯的漢字中，有許多字是讀爲kō的，又許多字是讀爲shi的，我們在通常一部字典中，可以尋得二十七個不同的kō-shi

詞語，其中有的意義爲‘貢使’有的爲‘考思’，有的爲‘皓齒’，有的爲‘後肢’等(漢字寫出來是各別的)・因爲如此，所以 ko-shi 指‘硬脂’，聽起來便要起誤會的，完全以音標寫出來，也是不能懂的・假如他們把 stearin 一字，用純粹的日本語詞譯出，則‘硬’字爲 katai，‘脂’字爲 abura，這個字，誠然要冗長些，可是讀的人，不特視覺上看得清楚，卽聽覺上也可以懂得了，所以這個字用音標寫出來，也很明白的・但是，正如我前面所說，日本人在最近五十年中，已經盲然走入歧途，到了‘此路不通’的境地・他們想把那種不易聽懂的日譯漢字的羈絆擺脫，自一八六八年以來，儘是努力掙扎着・而最近幾十年來，一般文化上，學術上，許多新名詞仍用日譯的漢字構成，輸入於日本書中，却把這種羈絆反而增劇・所以現在大錯鑄成，日本人已深切的感覺到這個錯誤，拼命的設法限制用漢文・政府當局也設了種種方法，令各學校，減削漢文的敎授，然欲達這個目的，總是無希望的・現在他們正在試行祗採用二千個以下的漢字・這層，對於一般靈敏的青年學子，已經在學校時學得了一千多個漢字，則他們對於漢字的形態，已很習慣了，縱然他們以後離開了學校，亦能靠了報章雜誌等字旁邊假名的音讀，很容易把那學校裏未曾學習的一千字也熟悉了．然機械似的限制是無用的：這里須要一些積極的辦法．改革的第一步——便是廢棄漢字而代以眞正日本固有的，或已完全日本化的語詞——這第一步最重要的工夫做完之後，已進入第一步純粹的改革運動了．在一般文化上學術上的新名辭，用日譯漢字構成的，必須以那類可以聽懂的語詞去代替；這麼一來，才可以完全用注音的假名字母把它們寫出來．以往的錯誤，必須加以矯正．這種名辭，於適可範圍，盡量的用日本的語根構成．但是過猶不及的事，總須避免，庶不至有矛盾的事情發生．此外我們還須顧慮到日本人本那種國家主義的熱忱，許能創作新語詞，如德文之 Fernsprecher 與 schnellrad 一樣．但是在技術上，文法上及科學的術語上，總應當盡量的使它們成爲國際的才好．我不知道德人熱心於國家主義者，是否對於 magnesium oxide' (養化錳) 'hypercatalectic' (一種詩格) 或如 'orchid' (蘭類) 之類，也想用德國化的名辭來代替否；但我敢說日本制作新名辭的人，能把希臘拉丁的語詞音讀直譯出來，縱使日本的假名字母的音素不能與希臘拉丁文正確地脗合，也總要比較妥當一點罷・於是，他們就建設在一種切實明晰的國際的名辭之上了・有許多名辭係代表普通文化的觀念的，如應用純粹的日本語詞寫出來，可以比較容易，可是已經被一般文人寫做文語了・ 這種名辭日本化的運動， 是因沒有聰明才智的藝術家爲之倡導，而僅僅從語言學者工作上顯現出來，在我看來，是不會成功的・

前面我說了許多關於日本語言文字的改革，這種對於中國語言文字的研究，很可以有借鏡的地方，不過兩方情形也有很大的區別吧了・

在日本， 文字的改革， 是一種打破傳統勢力的勾當，在中國也是同樣的；因爲在中國改革上兩條途徑是很需要的，這兩條途徑邏輯上雖說有關聯的地方，而實際却是各不相干的・其一，便是廢除舊式刻意雕琢的文言文(這是中國的拉丁文)，而采用直接根據口語的白話文・其二，便是根本推翻舊式的表意字，而采用音標文字・ 從我在上文所說， 似乎後者的改革， 是包括前者的；因爲文言文如果用音標文字轉錄出來，勢必不易領會，有了一大批同音異義的字，祇有用中國字寫出來才能區別得出．但是，前者的改革不必定要包括於後者，因爲現時口語上流行的中國語，仍是用中國文字可以寫出的．試舉一句口語爲例，如：

pa chê-ko shï-tʻou fang tsaï cho-tsï shang
把 這個 石頭 放 在 桌子 上

這句話說出來便可聽得懂，就是寫做羅馬字母也是可以懂得的．但是，若把這句話翻成文言文，便是：

chï shï yü cho
置 石 於 桌

這是絕對不能聽懂的，因爲‘置’‘石’‘於’‘桌，四字，各有許多同音字，若是不把它們用中國字一一寫出來，那能分辨得出呢？

所以中國人如要廢止表意字而用羅馬字母，必須棄絕文言文才行．雖然卽使把文言文廢棄了，仍不足以阻止中國文字的保存，因爲如上所舉的一句白話，總共有十個音綴，自然可以用十個中國字寫出來．

根據現今日常流行的口語，以新的文語，推翻舊式雕琢的文言，這種改革的運動，現在已經開始了，那熱烈勇毅的精神，幾多年來，頗著成效，可是因爲反動的勢力太大，所以完全的勝利，不能迅速實現·有一般守舊的人，極力的爭辨，以爲這個改革運動，將使國人蒙許多損失·

第一點，以爲這種改革要把中國文與本國固有的文化割斷關係，斬絕歷史的連續；使後來之中國青年，都生長在新式的文語中，行將失去誦讀古書的能力；舉凡幾千年來文獻的寶藏，由古至今所蘊藏着的中國文化與中國的精神將盡行拋棄，沈到深淵裏去了·他們就采取近今西洋通行的文學來替代，可是並不一定能眞正的把它同化，因爲中國社會的情况，是完全與西洋異趣的·

上面這個爭論，固然很有力量，但是決不足以阻改革的進行·一方面固然有感情的障礙，人性的好古，與夫國民的自大心，他方面又有事實的困難，足以妨礙改革的進行；不過這層祇要提倡改革者能具有積極的熱忱與毅力，也可以克服這些困難·意大利不能長用拉丁文語，而口語的文學卒盛行于全國文書載籍中；反觀中國亦復如是．至于中國國故學的研究，却不能因此而中絕，但必須採行一種新方法．中國的學者，須把這種古代的語言當做一種學問研究，如意大利人之於拉丁，挪威人之於古冰洲(Old Icelandic)語．因爲就一般普通平民着想，也應該把古代最重要的文書翻成普通的白話，這類書籍蘊藏着中國國民的精神❶．這種工作，中國的智識界尙未做過，而現在已經有極大的需要了．

此外，還有一層意思，亦應當注意，打破中國古代文書典册的關係，就是打破中國各地方的聯絡．因爲刻意雕琢的文言文，含有極大的連鎖力，不單是在文化上，各地方都保存着這類古籍，轉相傳習，就是在實際上，近人的著作，也常用這陳舊的文言文．所以文言文

---

❶這一點是我個人觀察所得的意見，在一般激進的中國的讀者看來，也許不甚注意，這是我要提醒他們的．他們應當用官話把孔孟之書及一部分的禮記莊子左傳史記及其他舊籍，好好的翻出來．至於詩歌及短篇文集，因其在文學史上具有獨立風格，自有價値在，這類書籍對於一般人，自然是不切近的；但此外，一定還有許多文獻，是應當用日常口語翻出來而不失去其原意的．

已經變爲中國實際的'世界語'了・方言不同的人，文字的音讀便各有不同，又因各地方言的變異，文法上助詞的用法也各異，假如同一語句，大家都用文字寫了出來，便毫無差別，一論到音讀，便判若天淵了：原來中國文字只是視覺上可以看得懂，全部字彙，統中國都是一樣，文章裏所用的字，與通常本地的口語完全兩樣；文法也仍摹擬從前古文的文法・例如北京政府下了一通命令，廣東印行一種新聞紙，上海又出版一種教科書，都是用的這種紙上的'世界語'(文言文)，全中國的讀者都能懂得・所以近來爲實際上應用起見，便有一種簡易的文言方式，確是很合實用，即所謂'簡易文體'是也・提倡改革的人，應當先利用了這個肩夫，使它荷重致遠，然後才緩緩地使各地不同的方言，逐漸打成一片，發生實際上的關係・因爲白話文學，譬方說是以北京音爲根據的，姑無論是用中國文字寫出來，對於廣東人或上海人總有點隔膜的情狀・還有一層，廣東人或上海人縱然能夠學習這種語言正如學習雕琢的文言文那樣容易，而他們對於廣東上海的方言仍是一樣的隔膜，或一樣的密近・這固然是實在情形；可是中國的好國民也未必願意這樣做，因他們本來學會了古代的文言文，便又學得一種現代的'世界語'，本是一舉兩得之計，怎樣願意拋開呢？這種新創的北京語白話文，不能與文言文的價值，相較輕重，因爲文言文與已往的語言具有有機體的結合；如要用白話代替文言，這豈不是得不償失嗎？要是這樣，將來免不掉的結果，是各地的方言，無論其區域的大小，重要與否，都將自行興起一種屬於本地的白話文了·

然則，爲什麼提倡改革的人不贊成這種簡明的有規律的而又實用的，普通瞭解的文言文呢？第一點，他們因爲要求言文合一·其次，他們主張把這種寫出來的文字，誦讀起來，也可聽懂，不僅只能眼看·最後，根據他們的經驗，以爲大部分人的傾向，都想寫作因襲的文言文，所用的成語典故，都是堆砌餖飣，要逼肖古代的著作，同時，就使這種文體除了高深的學者以外，誰也不能懂得·所以他們以爲這種刻意雕琢的文言文，如果再繼續延長下去，則永遠無從產生眞正的平民文學，永遠不能成民衆化了·這個也許是有的，而起首兩種理由，比較的有力·他們大聲吶喊着一個强固的基本原則：現在的文學要建設在現在的語言之上・以此爲根據，他們更自由表示，以爲凡是不贊成以中國北方的語言創造文學的，也可以依據各地語言來創造各種方言的文學・這一點祇是在文化的實際範圍可以認定如此，而政治上亦漸漸顯明：中國南部似乎不能歸入中國語統一形式以內・無論怎樣，我們最要緊的，總須根據事實來做進化的先鋒，不能自甘落後，而徒嘆奈何・

於是進一步說，現代的文語，是以口語做依據的！但是，究竟將如何做去呢？那還是一個不易解答的問題・從事實上說，尚有幾種可能性・

我在前幾章曾經提及，在中國許多方言中，有一種流行最廣的方言，徧及於北部及中部以至揚子江南北，叫做官話的，這種方言所佔區域極廣，說話時，大家都能彼此瞭解；至於在北京流行的官話，則爲當中最漂亮的了・提倡改革的人，便以爲這種官話是可以作新文學的語言的・北京大學教授胡適，錢玄同等，都抱了這種主張來創造新文學，很得一般人的信仰・但是，到了現在，這個運動尚偏於文學方面，語言問題，祇不過稍稍涉及，因爲新文學，還是應用舊文字來發表的・

因此獲得了幾層效果·第一，提倡改革者雖不曾將這個運動風行電掣的普及於民衆；但當時的震動也正夠嚴重了 —— 反對文言文，提倡白話文的聲浪，高響入雲，他們高呼着：用簡單明白，不加藻飾的口語文，來代替那刻意雕琢的古文，一切文學的，科學的論文雜誌以至於詩歌，都須應用通俗的文體·這里，因爲文字上仍沿用舊式的，所以這種文體的改革，還不覺得太驟·

尤有進者，他們能把中國北部及中部語寫了出來，也都可以懂得，不必加以白話區域內特殊方言的限制，及種種異音的注明· 有時白話文中所採用的成語和詞類， 並不是完全屬於官話區域內的· 但這層祇影響於幾處冷僻的地方，因爲這個廣大地土內，各種方言雖互相出入，但在這種表意文字的屏障之後，也還可朦朧的認識出來·

最後， 他們本着這種主張， 便開放門戶， 向着古代語言進取·因爲一般贊成以口語爲文學基礎的青年學子，已經學習了三四千字必需的漢字，那末，他們對於古代文獻的研讀，自然比較那些祇學過拼音字所寫的現代語的人們，要容易得多了·

因此便出現了一個階級，許多勇敢的改革者已達到了 —— 那便是打倒了雕琢的文言文體，而仍保存古代的文字——本着這個折衷辦法，努力進行改革・但有些激進的改革者，却以爲這是不澈底的方法・假如文語是建築在近代日常口語之上的，那末，這種文語，正應當以音標文字來書寫，才可誦讀，才可以與口語一樣，用耳聽懂・而且爲千百萬的中國學童計，學習漢字也不是必要的，因爲這些兒童，他們並不必個個都想成學者，而須記得這許多古式的文字，他們祇須有了幾十個拼音字母，便夠了・這種論調，誠然很有力・此外還有種說法，雖不甚顯明，而其重要不亞於前者，他們以爲中國人寫作文章，都是以舊有的文字爲工具，這種文字可以把許多同音的字，分辨淸楚，如有若干不同的 i ，又有若干不同的 shI 等等；像這類的同音字常使作者抱絕大的猶豫，即使他是寫的白話文，也不能把所用的成語完全不用眼看，而能聽懂的，因爲誦讀起來，同音字仍易起淆惑的・換一句話，除非把古語完全廢棄，不用中國文字而以拼音文字代替，那末，不論怎樣好的計劃，前面所說的困難，總是不能避免的・就是在新的白話文學中，這種不淸楚的弊病，猶不能免除；關於日常具體的事物，雖然不至如此，但，一涉到比較抽象的艱深的觀念，便發生這種障礙了·我們試看現時流行的口語與文言文之區別，究竟何在，簡單說來，便是口語上用的複合字極多，而古語上所用的字大都是簡單的·如今中國人已到了日本人前五十年所據的地位·從前日本的覆轍， 便是不去用他們比較長一點的日本字， 一切新思想，新文化或科學上的術語，都採用那單音綴的日譯漢字，這種文字是祇能適合於眼看，用耳聽起來，便不淸楚；在中國也是這個情形·從來通行了的這種表意字，作文章的人爲便於行文之故，所以陳陳相因，就是在新文學領域中，有許多新思想的名辭，也還是從這類簡短的古字中創造出來，所以這種新造的名辭，仍舊有些在耳官上聽不懂的·

從經驗上說來，這實在是一件危險的事。我們要是去讀最近提倡改革者在許多著名雜誌上所發表的文章，我們便可看出，而且必須承認，在最近的北京話中——雖說是用中國文字寫的——確是很有生氣，很有光榮的一種文辭·可是，我們假如把這類文章（其中，都是很平常的通用字）摘錄幾節，誦讀一下，我們必將茫無所適了．有些讀來是很可以聽懂的，但一涉及抽象的或科學的術語，或普通文化的名辭，便完全失敗了——因爲這些術語和名辭的構成，都極其簡賅，聽起來自然不會明瞭，便是說非用音標文字寫出來，不能懂得．所以從這點看來，這個改革運動，仍是不徹底的．

因此激進的改革者的主張，是：我們須得把自己寫出來的文章，能用口語說得出來，不單是關於普通的事情，應當如是，就是關於高深的學理及科學上的事情，我們也必須拒絕這種表意字所鑄成的術語，因爲它們是在說話的時候不能聽懂的．所以我們仍須決絕的採用音標文字．假使著作人用了音標文字，創制一個術語，要是讀者懂得的，他便不能不採用通行的語詞，以最明瞭完全的方式把它構成，那末，讀起來，聽者就可懂得了．所以祇是一種純粹的音標文字，才是文章語言的保障，使他成爲有生命的，有機體的，與日常口語完全相合．

此外，據我的意見，純粹的音標文字之創立，其最重要的理由，便是西洋學術思想無形的輸入中國．意思便是說中國語中必須接受那幾千代表新思想的新術語，有一部分是屬於科學的，專門的，有一部分是屬於一般的，文化的．所以中國現在的情形，恰如我們上文所述日本的一樣．大概說來，新的名辭，是能夠並且應當用翻譯來創製的．這種在中國也做過大部分，而因爲日本在這方面先做過一番，所以現在中國的新術語，大都祇是沿述他們的制作而已；我們知道日本造出這許多新術語，是用日譯漢字（以漢字寫的），如今中國人便也採用他們所創的名辭，讀起來，自然照中國的讀法（各本着自己的方言）．但是，翻譯亦須有限制，這是我在上文說過的，否則便要弄成笑話，不合於實用．譬如中國人雖用盡心思，翻譯 'dichotyledons' 或 'homousians,' 無論如何是不切實的，因爲中國文字對於迻譯外國許多音合成的字，往往概不適用，所以非盡力避直譯，決不能達其意義．在新的音標文字所寫的文語裏，便不致有這樣的困難，而且原意也很顯明；這類專門的術語，應當使它具有國際的意味，可以按照拉丁（或希臘）文的音寫出，假使世界語上有了這種國際名辭的形式，也可以按照世界語上的音．

至於現時以中國字譯外國的人名地名，便實在無法翻譯了！據現時所用，這種笨拙的連合中國字以代外國的專名，如 Verdun 之譯爲‘凡爾登’，Alsibiades 之譯爲‘亞西比德’，Krupp 之譯爲‘克虜伯’，像這樣的音譯，誰也沒有把握猜着所指是什麼，至於報章雜誌，一涉到外國字的音譯，便疑難叢生，使人如墮五里霧中・如果采用音標文字，這種困難，便立刻可以消滅，所有外來的專名，都可以譯得很周全了・

在中國的古文字與純粹的音標文字之間，還有一個折衷的辦法，我在這里且提及一下・便是作文時仍舊用中國字寫着，但於字的右側，加以小的音標注明音讀，如日本之用‘假名’一樣，這種注音的系統，在幾年前，已經頒訂，並且宣傳得很有成績了・固然，這種方法不能完全解決上述的困難・在日本文中，每個字有幾種或許多讀法，這種注音是很需要的，在中國文中，北京話裏每個字照例衹有一個讀法，它的阻礙是很少的・要是中國語可以用純粹的音標寫出來，也很清楚易讀，那末，最好采取純粹的音標，而將舊有中國文字的書籍，讓給專門的學者；可是用音標文字寫出，還有許多含混的地方（因爲有許多同音字），那末，我們也不能不保留這種古文字，以分辨同音異義的了·在後者，假如我們沒有知道某字，也不知道它的意義，即使右傍加上注音，說明讀法，也是無法補救的·例如：舉一個chu 字，我們實在不知道這許多的同音字中，究竟所指是那個chu字·另一方面，假如我們已經知道這個字的寫法和意義，那自然無須在側邊加下注音了·所以注音的方法，在我看起來，將來專對於初級學校的教授，是有很大的助力的·

然而，主張新文學不用舊文字的，仍要起了許多障礙·一個人要是純粹用音標文字作文，他必須選擇一種固定的官話做根據，那末，全部官話區域內的人，便不能了解他的文語；要是他用舊式的表意字作文，那就可以了解了· 雖然，同在官話區域內，而音讀亦各有不同，所以用音標寫出來·彼此亦難懂得，譬如北京與南京，雖同在官話區域內，但北京話，南京人聽起來，顯然較之他自己的話要困難些·

關於這層，激進的改革者當回答說：'不，事實上決不是如此· 因爲假如你用北京話作文，一個中國中部的人，一定會懂得的，他祇要費了幾小時的工夫，可以學得許多音值相等的字，音標相當的系統，例如你可時常寫着 chi, chiang, chiao 等字，而他讀起來，這幾個字便是 tsi, tsiang, tsiao 等；不然，他如果學習中國舊文字，至少要虛費多年的工夫，此外，我們還有許多的理由，可以希望將來從音標文字寫成的北京話，出現了偉大的文學，在官話區域內讀起來都能聽懂的便可影響於這地域內全部教育上的口語了；這麼一來，官話區域中大同小異的方言，便可以逐漸一致，那時我們應當獲得空前的效果，就是，在這樣一個龐大的國度裏，將有三分之二的區域，能統一於一種教育化的口語之下。

但是這話還須有待商的餘地。口語文學根本的基礎，自然應當建設在一種固定的具體的活方言之上，這自然舍北京話莫屬；但是，很明白的，當然不能因此便不顧一切的急馳而去，要是極端的只採用北京話，那末，北京話中鄙語俚辭，在字彙及音讀上，一出於京畿之外，就有許多不能通行的。所以大體上須將這種語言淘濾一下，盡量的容納許多官話區域中相異的分子，使化爲北京話，這層也是不可忽視而應當注意的。創造一種完美的標準口語，不應帶了地方色彩過於濃厚，這是一椿文明國家重要的工作·一方面他須得與口語十分密切，它的本身是眞正一種有機體的含有活動性的語言；他方面，它又須溝通各種密近的方言，使它們能發生共同關係，以便於音讀及字彙的鎔鑄上易於推進更改，而且能盡量的採用最通行最普徧的語詞·

關於此點，中國激進的改革者也是注意到的，他們主張須適於全部官話區域；這層，在我看來，他們已經去得太遠了·他們已經規定了一種人爲的官話，從各地不同的方言，求其比例上最共通的語言，而名之爲'國語'的；他們不特應用這種國語於文學上，而且極力把它應用在口語方面·我深信這個計議定終歸於失敗，我不信理想家所造成一種人爲的語言，是可以在一個極廣大的民族中，成爲一種自然的語言·縱使你能强迫一部分的人捨去他們固有的語言， 以應用另一種語言， 但是，這種新興的語言，必須在實際上已經應用，而且爲別一部分人的母語才行——却不是一種人爲的語言可以根據理想的程序推求出來，而使之普及化·在這個改革運動中最顯著的一點，畢竟是：青年改革者將打算要創造一種寫著的標準，這種標準，一方面以北京話爲密切的依據，然而它是一個天生成的小孩，不是一個人工造的偶像；另一方面，也顧慮到歷史的因素（便是說要從許多官話方言中尋出一種拼音原則，及整個字彙的範圍）使成爲一種眞正的文語嗎？無疑的，他們將來是要這樣提倡的，祇是時間的問題罷了・

然而各種事實上的困難，卻有加無已・譬如我們要寫這種修正的北京官話，採用歐語上所用的字母，是否能使中國的字音正確的適合於西方的字母呢？自然是不可能的，老實說，如果有人要達到這個目的，除出通常的字母以外，應當採用語言學字母上許多符號・但是，這個辦法，却不可過於科學化，因爲科學化容易發生事實上的許多困難，尤其是在印刷方面・所以創始時，必須采取正確的方法，以西洋字母記載中國語，音値規定了之後，不能便改；至於與西洋語上的用法，略有出入，也是不妨的。譬如寫一個 ken 字，其中 e 音，應當與通常的 e- 或 ä- 音（如德語之 mehr, Bär）認爲不是相同的；其音酷似法語 le (lə) 的元音・又如寫一個 hi 字，便可明白 h- 的音，即如德語 ich-laut 裏 ich 的音，（又酷似英 huge 字裏的音）・

這個辦法，固然無傷於事（縱然有少數特別的音標，是理想的），照此做去，固然很好．可是，重大的困難，還是很多．西洋字母剛好適合於歐洲的語言，他們語音的組成，祇含有僕音與元音二者．但，如上文所說，中國文字却含有第三種分子，對於語音上功用却很重要，正與他的元音與僕音的重要相等，這種便是平仄，如果文語的內容，一以音標字母寫成，不把各字的平仄分辨出來，如寫一個 i,沒有把 ī, í, ǐ, ì 注明，就不能誦讀了．因此每字的平仄必須標明．但是，怎樣標明呢？這有許多辦法．最普通的一種是在元音之上標出平仄的符號，或是在音綴的上右角標明數目．但是，我們究竟可有理由希望中國語，因為要採用西洋的拚音字母，畢竟只有一部分適合於中國語的，便可以在每個音綴之上，加上這種分辨音調的符號嗎？如下所舉的一句話，要是勉強施行這個辦法：

t‘ā nà-kò p‘éng-yû, wô pù hên hî-huān, 或

t‘a^{1} na^{4}-ko^{4} p‘eng^{2}-yü^{3}, wo^{3} pu^{4} hen^{3} hi^{3}-huan^{1}.

這是顯然不通的．後起的語音學家，又試用種種辦法即以固定的字母，為標明音調的符號，那個方案是這

樣．北京話與平仄統可以標出，而標音的符號，完全適用於美國打字機的．因此他們便從每字的拼法上着想，把一個音綴按照他的音調而變爲不同的拚法，例如：

iau⁻ 則改拼爲 iau， tʻang⁻ 則改拼爲 tʻang
iauˊ ,, ,, yau， tʻaugˊ ,, ,, tʻarng
iauˇ ,, ,, eau， tʻangˇ ,, ,, tʻaang
iauˋ ,, ,, iaw， tʻangˋ ,, ,, tʻanng

等等．其中顯然的危險，是他們離開了語音的眞實性太遠了，而造出這樣人爲的系統，決不能成功的．總而言之，關於此事，還不能說到最後的一句結論，還須等待實驗與硏究．

以上論及遠東語言文字的改革，問題極爲複雜，話也說得太多，已經出於這本小册範圍之外．不過著者的意思是想給讀者對於這些繁複的問題，得到一些觀念罷了，至於要想解決這些問題的領袖人物，自然在他們未打破許多障礙以前，須要細心的觀察，嘗過許多艱苦的經驗．而其中最要緊的，我似乎沒有說起過，須要另外的動力，那便是偉大的人物，因爲語言與文學，原是一種文明民族最偉大的藝術創造，並不是幾個專們的學者

在他們的寫字檯上可以弄得成功的；須得有偉大的思想家對於所處的時代發出許多倡導的箴論，在口語的堅石上，雕出他們的紀念品·

為了這個原因，我放眼一看中國文學的將來，我深深自信，中國無論何處何時何事是常有偉大的藝術家的；當此風潮激盪，國難在前的時代，中國文學將如在荒漠中豎立起一座金字塔，放射出絢爛的光芒，含着新生的力與美·如果已經了解及讚許過去與現在的中國的人，這層是誰也不能懷疑的·